111 Gründe, Single zu sein

Angela Meier-Jakobsen

111 GRÜNDE, SINGLE ZU SEIN

Eine Liebeserklärung an die Unabhängigkeit

Schwarzkopf & Schwarzkopf

Inhalt

gönnen | Weil Singles keinen Gewohnheitssex haben | Weil Singles Sextoys haben | Weil Singles sich nicht enthaaren müssen (aber es trotzdem tun) | Weil Singles sich nicht gehen lassen | Weil Singles keine Ausrede brauchen, wenn sie keine Lust auf Sex haben | Weil Singles bei der Frage »Wie viele hattest du schon?« nicht ehrlich sein müssen | Weil Singles Sexträume von anderen Personen haben

Kapitel 4: Reden & Schweigen – Seite 77

Weil Singles dauernd neue spannende Geschichten hören | Weil Singles immer dieselben Geschichten erzählen können | Weil Singles die Stille genießen | Weil Singles diskutieren und nicht streiten | Weil Singles mit sich selbst reden | Weil Singles sich nie unterhalten müssen | Weil Singles nie mit peinlichen Spitznamen gerufen werden | Weil Singles ein dickes Telefonbuch haben | Weil Singles sagen können, was sie wirklich gerade denken | Weil Singles allen Geräuschen freien Lauf lassen können | Weil Singles sich nie für das schämen, was andere sagen

Kapitel 5: Freunde, Familie & Feste – Seite 99

Weil Singles keine Schwiegereltern haben | Weil Singles viel Zeit für ihre Freunde haben | Weil Singles andere Single-Freunde haben | Weil Singles entspannt Weihnachten feiern | Weil Singles keine »ganz besonderen« Geschenke brauchen | Weil Singles selbst bestimmen, was sie anziehen | Weil Singles im Taxi nach Hause fahren | Weil Singles ungestört Mädels- oder Männerabende veranstalten | Weil Singles an Silvester rocken, statt Raclette zu essen | Weil Singles die besten Paten sind

Kapitel 6: Leben & Lieben der anderen – Seite 121

Weil Singles Pärchenabende erspart bleiben | Weil Singles bei Junggesellenabschieden entspannt sind | Weil am Single-Tisch bei Hochzeiten am meisten getrunken und gefeiert wird | Weil

Singles schon als Trauzeugen die Nase voll haben vom Heiraten | Weil Singles nicht an Hochzeits- oder Jahrestage denken müssen | Weil Singles keine Trennungen durchmachen | Weil Singles von Paaren beneidet werden | Weil Singles mit ihren Expartnern befreundet sein können | Weil Singles selten Liebeskummer haben

Kapitel 7: Geld und Karriere – Seite 139

Weil Singles Cabrio statt Kombi fahren | Weil Singles mehr Geld für ihre Interessen haben | Weil Single-Frauen immer Schuhe kaufen können | Weil Singles ihre Ausgaben nie rechtfertigen müssen | Weil Singles sich eine Putzfrau leisten | Weil Singles ohne Probleme Überstunden machen | Weil Singles sich auch nach Timbuktu versetzen lassen | Weil Singles einen Arbeitsehemann (oder eine Arbeitsehefrau) haben | Weil Singles am Arbeitsplatz flirten | Weil Singles nicht an einem ungeliebten Job kleben | Weil Singles nebenbei Karriere machen

Kapitel 8: Freizeit & Urlaub – Seite 157

Weil Singles außerhalb der Schulferien verreisen | Weil Singles keine faulen Urlaubskompromisse machen | Weil Singles ausschlafen können | Weil Singles den ganzen Tag im Bett bleiben können | Weil Singles jeden Tag Fußball gucken können | Weil Singles kein Interesse an fremden Hobbys heucheln müssen | Weil Single-Frauen keinen meckernden Beifahrer chauffieren | Weil Singles spontaner sind | Weil Singles im Kino noch knutschen | Weil Singles mit ihrem Kater allein sind | Weil Singles mit ihrem Kater schmusen | Weil Singles im Fitnessstudio trainieren – und flirten | Weil Singles unter der Dusche singen (und sonst überall)

Kapitel 9: Essen & Trinken – Seite 183

Weil Singles nur kochen, wenn (und worauf) sie Lust haben | Weil Singles »Luigi, wie immer« bestellen | Weil Singles jederzeit Knoblauch essen können | Weil bei Singles niemand im Essen herumstochert, um »zu probieren« | Weil Singles vor dem Fernseher essen | Weil Singles nie einen Einkaufszettel schreiben | Weil im Single-Kühlschrank immer Prosecco und Bier stehen | Weil Single-Frauen in einer Partnerschaft fett würden | Weil Singles niemand den Kühlschrank leer futtert | Weil Singles sich im Krankheitsfall von Mama pflegen lassen | Weil Singles sich auch mit 40 noch von Mutti bemuttern lassen

Kapitel 10: Rechte & Pflichten – Seite 203

Weil Singles ihren Namen für immer behalten | Weil Singles nur sich selbst treu sein müssen | Weil Singles zuerst an sich denken | Weil Singles die Fernbedienung in der Hand halten | Weil Singles nur vor Gericht die Wahrheit sagen müssen | Weil Singles keine faulen Kompromisse eingehen | Weil Singles ihre schlechte Laune ausleben können | Weil Singles aus der Kirche austreten | Weil Single-Frauen auch ohne Partner Kinder kriegen können | Weil Singles ihre Macken ausleben | Weil Singles keine fremden Macken ertragen müssen | Weil Singles zusammenhalten

Warum ich Single bin

Ich bin kein Single aus Prinzip, keiner der sich irgendwann vorgenommen hat, dass er nie wieder eine Beziehung führen möchte, weil sie kompliziert und anstrengend ist, oder weil sie einem oft Kummer bereitet und im Vergleich manchmal zu wenig Spaß. Ich glaube an Beziehungen, ich finde sie toll – und ja, ich will irgendwann auch wieder eine führen. Aber – und das ist für mich der allerwichtigste Grund, warum ich Single bin – ich habe noch nicht denjenigen getroffen, mit dem ich eine echte, eine ernsthafte Partnerschaft führen möchte, obwohl ich tatsächlich schon ein paar mehrjährige Beziehungen geführt habe. Ich habe noch nicht denjenigen getroffen, für den es sich lohnt, all die Vorteile, die ein Leben als Single durchaus haben kann (und von denen ich Ihnen in diesem Buch noch 110 näherbringen möchte), aufzugeben. Neben dem ich abends einschlafen möchte und morgens aufwachen, dessen Schnarchen ich dazwischen jede Sekunde verfluche, aber sofort vermissen würde, wenn es plötzlich weg wäre. Wegen dem ich nicht mehr jeden Samstag dem HSV beim Gewinnen (oder zuletzt eher: Verlieren) zugucken würde, weil er sich nicht die Bohne dafür interessiert. Für den ich koche, was er mag, und nicht, worauf ich Hunger habe. Wegen dem ich nicht mehr jedes Wochenende bis in die Puppen in versifften Kneipen abhänge und auf einen kleinen Flirt hoffe. Für den ich meine Wohnung aufgebe und in eine ziehe, die wir uns gemeinsam suchen und mit Möbeln füllen, von denen mir die Hälfte nicht gefällt (also: seine Hälfte).

Eine Beziehung zu führen bedeutet, viele Dinge zu bekommen, die toll sind. Nähe, Liebe, Zweisamkeit, einen besten Freund und wunderbaren Liebhaber. Aber es bedeutet eben auch, auf Dinge verzichten zu müssen, die einfach nur großartig sind, die Spaß machen und die man nur deshalb erlebt und machen kann, weil man Single ist. Ich habe mich nach einigen Jahren als Single an dieses Leben gewöhnt, ja, mehr noch: Ich habe gelernt, es zu genießen. Ich bin ein glücklicher Single, meistens zumindest, auch wenn manche Leute sagen, dass man als Single gar nicht glücklich sein kann. Doch, das geht, wenn man die richtige Einstellung hat. Wenn man das kleine Glück sieht und nicht nur nach dem großen sucht.

Aber ich hänge eben auch nicht so sehr an meinem Single-Lebensstil, dass ich ihn nicht für den Richtigen in null Komma nichts aufgeben würde. Ja, ich suche noch nach dem Richtigen – und solange ich das mache, genieße ich ein Leben in absoluter Freiheit und Unabhängigkeit. Ich jammere nicht über die Dinge, die mir ohne Beziehung vielleicht entgehen, sondern freue mich über die Dinge, die ich jetzt habe und dir mir irgendwann als Nicht-Single sicher fehlen werden. Und dass das einige sind, habe ich während meiner Arbeit an diesem Buch immer wieder von meinen liierten Freunden, Kollegen und Bekannten gehört. Und zwar nicht ganz ohne Neid.

Ich bin also eigentlich aus Tausenden von Gründen noch Single, aber vor allem deshalb: Ich bin lieber allein als schlecht begleitet.

KAPITEL 1

Leben und Ausleben

Grund Nr. 2

Weil Singles ohne schlechtes Gewissen
Morgenmuffel sein können

Vor meinem ersten Schluck Koffein am Tag bin ich mit der Welt so ungnädig wie Dieter Bohlen mit Sängern, die im Stimmbruch sind und trotzdem bei DSDS vorsingen (»Deine Stimme ist ätzend. Ätzend für einen Kloreiniger ist ja okay, aber ätzend für eine Stimme ist scheiße.« Ich zitiere hier nur). Ich bin ein Morgenmuffel, so wie ein Viertel aller Deutschen.[*] Ich will morgens nicht unnötig belästigt werden. Von Fragen, Antworten, Monologen, Plänen, dem Wetter, einem Telefon, der ganzen Welt. Und besonders nicht von einem anderen Menschen. Egal, ob es meine Mutter, der Postbote oder mein Freund ist. Ich will schweigen, bis mir etwas über die Lippen kommt, das über »Mhm« oder ein Knurren hinausgeht. Ich will nichts anderes hören als das Durchlaufen der Kaffeemaschine und das Prasseln der Dusche.

Ich habe mit meiner allmorgendlich griesgrämigen Art sicher schon einige Mitmenschen in die Verzweiflung getrieben – auf jeden Fall jene, die mal das, äh, Vergnügen hatten, neben mir oder in meiner Nähe aufzuwachen. Die müssen gedacht haben, dass ich über Nacht entweder meine Stimme, meinen Humor oder das Interesse an ihnen verloren habe.

Mein Exfreund zum Beispiel hat meine Muffeligkeit weder verstanden noch akzeptiert – und das obwohl wir immerhin drei Jahre zusammen waren. Es könnte daran gelegen haben, dass er jeden Tag aus dem Bett stürmte wie Thomas Müller aufs gegnerische Tor, flink, wendig und einfach so, während ich mich immer wieder von einer auf die andere Seite rollte. Die Worte

---

[*] Quelle: Umfrage des Karriereportals Monster, März 2010

platzten sofort nach dem Aufwachen wie Knallerbsen aus seinem Mund. Labertasche trifft auf Morgenmuffel – eine schlechte Kombination, wenn Sie mich fragen.

Gerade am Wochenende wurde unsere unterschiedliche Kommunikationsbereitschaft zum Problem: Die Vorhänge waren noch nicht geöffnet (meine Augen schon gar nicht), da machte er schon Pläne: Frühstück mit X, Kaffee mit Y, dazwischen kurz in die Stadt, einen neuen Anzug kaufen. Mein Knurren verstand er nicht als Protest (was es meistens war) oder als Betteln nach Ruhe (was es immer war), sondern als Zustimmung. Ich zog mir die Decke über den Kopf und dachte nur ein Wort: R-U-H-E!

Gleichzeitig fühlte ich mich wie der herzloseste Mensch auf der Welt: Jemand freut sich darauf, seine Zeit mit mir zu verbringen. Er fragt mich nach meiner Meinung und meinen Wünschen. Und ich bin genervt statt gerührt. Als ich gerade innerlich an meiner Entschuldigungsrede bastelte, hörte ich ein Rumsen. Jan servierte mir den Kaffee ans Bett. Nicht liebevoll, sondern mit den Worten »Es ist zum Kotzen, dass du die Zähne nie auseinanderkriegst.« In diesem Moment fand ich nicht mehr mich hundsgemein, sondern ihn. Zwei Menschen bedeuten zwei unterschiedliche Biorhythmen. Und die gleichen sich nun mal nicht an, nur weil man eine Beziehung führt. Wer die Macken des anderen nicht ertragen kann (oder das Gefühl hat, dass der andere die eigenen Macken nicht erträgt), ist als Single bestens bedient.

Weil Singles bei Ikea nicht streiten

Wenn man an einem Samstagmittag durch die überfüllten Gänge eines bekannten schwedischen Möbelhauses spaziert, könnte man denken, dass das Einrichten einer gemeinsamen Wohnung eine komplizierte Wissenschaft ist und sich Paare über kaum etwas anderes noch leidenschaftlicher streiten können. Es ist fast immer dasselbe Bild, wie meine zahlreichen Recherchen vor Ort ergeben haben: Die Frau geht mit entschlossenem Schritt voran. Mit Zettel und Bleistift in der einen Hand und dem zerknitterten Leihkatalog in der anderen. Sie befühlt jeden Sofabezug, guckt sich jedes Sitzkissen genau an und liegt auf jeder Matratze Probe. Und zwischendurch fragt sie ihren Freund immer wieder: »Meinst du, das würde in unserem Wohnzimmer gut aussehen?«

Der arme Kerl trottet ihr nur hinterher, mit dem Ein-Meter-Maßband in der Hand, einer großen gelben Tasche über der Schulter, in die sie abwechselnd Spülbürsten, Plastikbecher und Geschirrhandtücher stopft, und einem genervten Ausdruck auf dem Gesicht. Ihm ist nicht klar, warum Sitzkissen hübsch sein müssen, schließlich sitzt man doch mit dem Hintern darauf. Aber diese Diskussion fängt er lieber gar nicht erst durch eine unbedachte Bemerkung an. Vor allem, weil die beiden sich erst ein paar Minuten zuvor in der Schlafzimmerabteilung schon so böse gestritten haben über die Frage, ob man wirklich eine sehr breite oder doch lieber zwei schmale Matratzen kaufen soll.

Dass der Mann seine Meinung seitdem gar nicht mehr sagt, ist auch nicht im Sinne der Frau. »Dir ist das alles scheißegal, oder?«, fragt sie dann. Achtung! Das ist eine heikle Frage, die man in Beziehungen häufig und zwar in den unterschiedlichsten Situationen gestellt bekommt – und auf die man nur falsch antworten kann. Sagt man »Ja«, muss man höchstwahrscheinlich allein mit dem Bus vom Möbelhaus nach Hause fahren. Antwortet man (überzeugend!) mit »Nein«, wird man ab jetzt auch noch bei jedem Gardinenschal nach seiner Meinung gefragt. Beides blöd. Also am besten auch da nur etwas sehr Diplomatisches sagen wie »Natürlich ist mir das nicht egal. Aber du hast da einfach mehr Ahnung als ich«.

Tatsache ist: Für Männer ist die Wohnung eine Festung, für Frauen ist sie ein Nest. Er will dort vor allem Ruhe vor der Welt haben, sie will sich wohlfühlen. Er will wohnen, sie will leben. Das sind ganz schön unterschiedliche Ansprüche, für die man einen Kompromiss suchen muss. Man sind in diesem Fall zum Glück nur Paare, der Single hat es da wesentlich besser: Er weiß genau, ob er ein Nest oder eine Festung beziehen will. Und er packt auch nur die Dinge in seine gelbe Tasche, die er dafür braucht. Und natürlich ein paar andere, die er nicht braucht – was ihm aber niemand vorhält. Und selbst wenn er an der Kasse die Hälfte der Sachen wieder aussortiert, bekommt niemand einen Wutanfall wie bei dem Paar vor ihm in der Schlange.

Weil Singles niemandem hinterherräumen außer sich selbst

Einer der größten Vorteile am Single-Dasein ist, dass man sich mit niemandem streiten muss. Später kommt dieses Thema noch mal in einem extra Kapitel zur Sprache – jetzt müssen wir trotzdem einmal kurz vorweggreifen. Denn im Vergleich zu Paaren fällt bei Singles ein Thema mit riesigem Streitpotenzial weg: Ordnung.

Umfragen zufolge streitet sich fast jedes zweite Paar (satte 47 Prozent!) regelmäßig wegen diesem leidigen Thema.[*] Wegen herumfliegender Kleidungsstücke, dem Abwasch, der langsam zu stinken beginnt, und der Zahnpastaspritzer am Badezimmerspiegel. So wie bei meiner Freundin Ulrike und ihrem Freund Sebastian: Sie ist die Chaos-Queen, er der Meister Proper. Sebastian muss morgens eine Stunde vor Ulrike ins Büro aufbrechen – genug Zeit für sie, die Wohnung komplett zu verwüsten, bevor sie sich auch auf den Weg zur Arbeit macht: Sie hinterlässt Kaffeepulver auf der Arbeitsplatte, vergisst die Müslischale und den leeren Kaffeebecher neben dem Bett und verteilt Schuhe, die sie an diesem Tag doch nicht anziehen wollte, auf dem gesamten Boden. Das ist das Mindeste, was Ulrike in 60 Minuten anrichtet. Sie macht das nicht, um Sebastian zu ärgern, nein, Ulrike fällt das gar nicht auf.

Bevor sie mit Sebastian zusammengezogen ist, war Ulrike jahrelang Single. Es gab keine WGs mit Putzplänen und keine Männer, die ihr Vorwürfe gemacht haben. Zumindest keine, die beim Anblick des Chaos nicht einfach auf dem Absatz kehrt-

---

[*] *Quelle: Umfrage der TV-Zeitschrift Funk Uhr, März 2010*

machen konnten. Ein Single steigt einfach über die Schuhberge und verschließt die Augen vor dem herumstehenden Frühstücksgeschirr. Zumindest so lange, bis der Nachttisch so vollgestellt ist mit Müslischalen, dass nicht mal mehr eine Brille darauf Platz hat. Singles räumen erst auf, wenn das Chaos sie selbst stört – und dann räumen sie auch nur das auf, was sie besonders stört. Natürlich gibt es auch einige Ausnahmefälle, in denen der Single seine ganze Wohnung wienert. Zum Beispiel wenn sich die Eltern oder anderer hoher Besuch angekündigt haben. Aber auch dann entscheiden sie selbst, für wen und vor allem, wann sie das machen.

Aber heute ist Ulrike nun mal nicht mehr Single. Und wenn sie abends eine Stunde später als Sebastian von der Arbeit nach Hause kommt, ist die Wohnung zwar wieder blitzblank, aber Sebastian übellaunig. »Ist was?«, fragt Ulrike dann in einem Tonfall, den nur Menschen draufhaben, die sich keiner Schuld bewusst sind. Und Sebastian antwortet mit dem immergleichen Satz: »Irgendwann packe ich deinen ganzen Kram auf einen riesigen Haufen, nehme eine Mülltüte, schmeiße alles hinein und entsorge sie.« Die letzte Person, die Ulrike so etwas gesagt hat, war ihre Mutter. Als sie zwölf war.

Weil Singles quer im Bett liegen

An Sonntagen hat der Single endlich mal Zeit, es sich zu Hause so richtig gemütlich zu machen: Nach einer in den meisten Fällen langen Partynacht schläft er bis in die Puppen – und zwar ohne ein schlechtes Gewissen zu haben. Nach dem Wachwerden kann er noch stundenlang im Bett liegen bleiben, weil niemand erwartet, dass man endlich mal etwas gemeinsam unternimmt. Der Single nimmt sich einen Kaffee und die Sonntagszeitung mit ins Bett. Und sein Bett ist natürlich kein Einzel-, sondern ein Doppelbett – alles andere wäre erstens ungemütlich und würde zweitens implizieren, dass man nicht damit rechnet, dass überhaupt jemals eine andere Person neben einem im Bett liegt.

Trotzdem ist im Doppelbett des Singles, wenn er allein darin liegt, kaum Platz. Nicht, weil er so breit ist (Singles achten schließlich auf ihre Figur), sondern weil er sich so breitmacht.

Ich habe zum Beispiel immer zwei große und mehrere kleine Kissen in meinem Bett liegen, außerdem eine Tafel Schokolade oder eine Tüte Chips, ein Buch, ein paar Zeitschriften, das Telefon, das Handy, manchmal noch mein Notebook, aber auf jeden Fall die Fernbedienung. Nur ein Mann liegt da eben selten – was aber nicht schlimm ist, denn der hätte eh keinen Platz mehr. Und damit die Matratze nicht irgendwann nur auf einer Seite durchgelegen ist, während sie auf der anderen noch steinhart ist, schläft der Single immer abwechselnd links und rechts. Oder einfach gleich in der Mitte oder quer. Denn gerade weil kein anderer neben ihm im Bett liegt, gibt es auch keine Beschwerden darüber, dass der Single sich zu breit macht. Und dass niemand über die Chipskrümel im Bett meckert oder auf den Elektrosmog schimpft, den das schnurlose Telefon abgibt, ist doch auch ein angenehmer Nebeneffekt. Oder?

Grund Nr. 6

Weil Singles ein Spaßzimmer haben

Vor ein paar Monaten beschloss ich, mir endlich eine größere Wohnung zu suchen. Eine für Erwachsene, mit einem
großen Bad, einer neuen, voll ausgestatteten Küche (nicht, dass
ich kochen könnte, aber es ist beruhigend, eine zu haben) und
drei Wohnräumen. Als ich in der Mittagspause meinen Kollegin-
nen von meinen Wohnungsplänen erzählte, fragte mich meine
Kollegin Katrin (verheiratet, Mama einer zuckersüßen Tochter
und damit quasi auf einem anderen Planeten zu Hause als ich)
prompt, wofür ich denn drei Zimmer bräuchte. Ob ich etwa
schwanger sei? Ich beruhigte sie, dass mein Bauchansatz nur
von dem Kartoffel-Sahne-Auflauf und einem Grande Caffé Latte
käme und ich keineswegs schwanger sei. Von wem auch? Meine
Immobilienansprüche leuchteten ihr danach noch weniger ein.
»Ein Single ist doch sowieso ständig auf der Piste und nur zum
Schlafen zu Hause, wozu braucht er da überhaupt eine große
Wohnung?«, fragte sie.

Natürlich stimmte diese Annahme. Dennoch hatte ich ein
schlagendes Argument: »Weil ich einen Raum haben möchte, aus
dem ich machen kann, was ich will.« Es ist ein Luxus, den ich mir
gönnen will – und den sich jeder Single gönnen sollte.

Bei Paaren sind dritte Zimmer oft schon lange in Gedanken als
Kinderzimmer eingeplant, deshalb hat keiner von beiden Lust,
vorher etwas richtig Tolles daraus zu machen. Irgendwann muss
der ganze Raum ja sowieso wieder umgestellt und in Rosa oder
Blau eingerichtet werden, da kann man es auch gleich lassen.
So lange bleibt der Raum also leer oder wird mit funktionel-
len Dingen wie dem Wäscheständer, einem Computer oder der
Schlafcouch halbherzig eingerichtet.

Als Single kann man sich in einem zusätzlichen dritten Zimmer jeden Wunsch erfüllen, den man hat, aber für den bisher nie Platz war: Man kann einen begehbaren Kleiderschrank daraus machen (das würden Frauen tun), man kann dort seine Golf-Ausrüstung inklusive einer Putting-Matte fürs Heimtraining hinstellen (das machen wohl eher Männer). Es ist Platz für eine Hantelbank, den Notenständer samt Gitarre oder eine Staffelei. Wie auch immer die Leidenschaft eines Singles aussieht: In diesem Raum kann er sie ganz und gar ausleben. Der dritte Raum ist ein Stück Brachland, das völlig neu bestellt werden kann – und zwar nur nach dem eigenen Geschmack. Und vielleicht wird es bei einigen Singles sogar irgendwann zum Kinderzimmer – aber dann nur, weil ein Kind plötzlich größeren Spaß als Golf oder Gitarrespielen macht.

Weil Singles ihre Wohnung einrichten,
wie sie wollen

Manche würden sicher sagen, dass der alte braune Ledersessel mit den abgewetzten Armlehnen und zwei Brandlöchern, den ich von meinem Opa für meine erste Wohnung geschenkt bekommen habe, auf den Sperrmüll gehört und nicht in mein Altbau-Wohnzimmer. Und das Poster von Evan Dando, dem Sänger der Lemonheads, meiner absoluten Lieblingsband aus den 90er Jahren, müsste ja nun auch nicht unbedingt über dem modernen Küchentisch aus dem Jahre 2010 hängen, haben mir schon einige gesagt. Stilbrüche, nennt meine Freundin Ulrike die ziemlich bunte Einrichtung meiner Wohnung. »Chaotisch« sagt meine Mutter dazu. Mir ist das egal.

Mittlerweile lebe ich seit zwölf Jahren allein – mit Ausnahme von diesem einen Jahr, in dem ich mit meinem Ex zusammenwohnte. In all diesen Jahren musste ich nie mit jemandem darüber streiten, ob Opas Ledersessel noch einen weiteren Umzug mitmacht oder direkt zum Recyclinghof wandert. Ich musste nie diskutieren, ob eine rote oder eine weiße Couch, eine mit Husse oder ohne, besser ins Wohnzimmer passen würde. Zumal Männer wahrscheinlich weder eine rote noch eine weiße Couch hätten haben wollen. Und überhaupt: Hussen, was bitte sind das?

Der Single hat sich im Laufe der Zeit einen mehr oder weniger vollständigen Hausstand zugelegt – und der besteht ausschließlich aus Dingen, die er wirklich braucht und mag. Dazu kommen noch ein paar Sachen, die ihm seine Oma oder Mutter geschenkt haben und die er bei jedem Umzug entsorgen möchte, aber es aus Höflichkeit (oder purer Angst, dass sie es beim nächsten Besuch merken würden) doch nicht macht. In Single-Wohnungen gibt es keine Kompromiss-Kommode und kein Streitpunkt-Sofa, sondern nur Stücke, die der Single genau so und genau dort haben will, wo sie sind. Die Single-Wohnung ist ein Land und der Single ist der Monarch. Keiner kommentiert, wie er sein Königreich regiert – und wenn doch, kann der Single diese Meinung ganz und gar ignorieren.

Grund Nr. 8

Weil Singles den Geist von Expartnern nicht austreiben müssen

Wenn man nicht als Eremit in den Bergen gelebt hat, hat der Single ab einem gewissen Reifegrad schon ein paar Beziehungen hinter sich. Manche davon waren ernst, viele waren kurz, alle endeten aus ganz verschiedenen Gründen. Dennoch bleibt irgendwas von diesen Beziehungen übrig: ein paar Möbelstücke, die man sich gemeinsam gekauft hat und bei der Trennung gerecht aufteilte, Fotos von gemeinsamen Ausflügen, Liebesbriefe, die der andere schrieb, weil er sich nicht traute, die drei Worte auszusprechen. Geschenke, Rechnungen aus dem Restaurant, in dem man nur sagen musste »Mario, das Gleiche wie immer«, Kino-Eintrittskarten, Mix-CDs (oder für alle Ü-30er: Mix-Kassetten) mit den gemeinsamen Lieblingsliedern.

Ein Single kann diese Dinge einfach in seiner Wohnung stehen lassen, ohne sich großartige Gedanken zu machen. Im Gegenteil, er denkt pragmatisch und nicht emotional: Die Möbel waren teuer, sie sind hübsch und jetzt gehören sie ihm allein. Die restlichen Erinnerungsstücke wandern einfach in eine Kiste, aber die Kiste wandert im Anschluss nicht in einen modrigen Kellerraum, sondern ganz normal ins Bücherregal. Denn vielleicht möchte sich der Single in einem seltenen Anfall von Nostalgie diese Sachen noch mal ansehen und sich an vergangene Paar-Zeiten erinnern. War es nicht schön, als man vor fünf Jahren mit Tom in der Berghütte eingeschneit war und der Skiurlaub vier Tage länger dauerte als geplant? Oder als man mit Katharina alle drei Teile von »Der Herr der Ringe« hintereinander gesehen hat – und vor lauter Knutschen nicht mal mitbekommen hat, warum Gandalf der Graue plötzlich Gandalf der Weiße war?

Als Single stößt man niemanden vor den Kopf, nur weil man eine gemeinsame Vergangenheit mit einer anderen Person hat. Weil es Möbelstücke gibt, die man mit jemand anderem in einem schwedischen Möbelhaus ausgesucht hat und Wandfarben, die man mit jemand anderem aufgetragen hat. Glauben Sie, dass bei einem Paar diese Dinge einfach so hingenommen werden?

Weil Single-Frauen immer einen ausgebildeten Handwerker rufen

Nicht alle Männer sind geborene Handwerker, auch wenn sie sich dafür halten. Wahrscheinlich liegt es auch an diesem weit verbreiteten Irrglauben, dass die Männer in einer Partnerschaft den Hammer immer selbst in die Hand nehmen müssen, wenn etwas kaputt ist, statt gleich einen Profi zu rufen. Nur wenn es sich um so elementare Dinge wie einen Wasserrohrbruch, eine kaputte Waschmaschine oder die Erneuerung der Küchenelektronik handelt, vertrauen sie dem Fachmann.

Nun könnte eine Single-Frau natürlich traurig sein und sich benachteiligt fühlen, weil kein Mann zur Hand ist, der die kleinen handwerklichen Aufgaben für sie erledigt, sondern sie dafür einen teuren Handwerker bezahlen muss. Allerdings braucht sie das gar nicht, denn ein teurer Handwerker hat einen Haufen Vorteile gegenüber dem handwerkenden Mann. Erstens weiß der »normale« Mann in der Hälfte der Reparaturfälle nicht, was er da tut und was er tun sollte, damit alles wieder funktioniert. Deshalb macht er die Baustelle meistens nicht heil, sondern kaputter als vorher und damit die fachgerechte Reparatur um ein paar Euro teurer. Natürlich ist er sich keiner Schuld bewusst und streitet hinterher ab, etwas mit dem noch höheren Schaden zu tun zu haben.

Außerdem streitet sich der Handwerks-Laie stets mit seiner Assistentin (in diesem Fall: seiner Freundin), weil sie ihm ständig den falschen Schraubenzieher, aber immer einen guten Ratschlag gibt. Und drittens muss man seinem »Helfer in (der) Not« trotzdem immer sagen, dass er alles ganz großartig gemacht hat, egal, ob der Schaden behoben ist oder nicht.

Das erspart sich eine Single-Frau also alles. So ein Glück! Wenn der Wasserhahn tropft, das Deckenlicht flimmert oder der Abfluss verstopft ist, ruft sie einen Handwerker an. Der macht garantiert alles mit ein paar Handgriffen heil, man muss dabei weder anpacken noch zusehen – und am Ende auch keinen Beifall spenden, sondern nur ein kleines Trinkgeld geben. Selten war Geld besser angelegt!

Weil Singles nicht nach Hause kommen müssen

Das letzte Mal wurde der Single gefragt, wann er denn nach Hause kommen würde, als er noch bei seinen Eltern wohnte oder die letzte Beziehung geführt hat. Wenn man mit anderen Personen nicht nur seinen Haushalt, sondern auch das Leben teilt, ist es normal, sie an der Tagesplanung teilhaben zu lassen oder sie zumindest darüber zu informieren, wenn sie schon nicht teilhaben dürfen. Heute bestimmt der Single in der Regel vollkommen frei über seine Zeit, mal abgesehen davon, dass er sich an ein paar blöde Termine wie seinen Arbeitsbeginn oder die Öffnungszeiten des Supermarktes halten muss.

Nach einem doofen Tag im Job zum Beispiel muss kein Single im Anschluss nach Hause gehen, sondern kann ganz spontan mit den Kollegen (natürlich nur, wenn die nicht maßgeblich daran beteiligt waren, dass der Tag so doof war) in die Kneipe um die Ecke gehen und dort noch einen Absacker trinken. Es sagt auch keiner was, wenn aus einem Absacker zehn werden und man viel später als geplant nach Hause kommt, oder eher: wankt. Und selbst wenn man am Ende des Abends so betrunken ist, dass man lieber mit der großflächig tätowierten Barfrau oder dem DJ mit der großen Zahnlücke nach Hause fahren möchte als ins eigene Bett zu steigen, ist das kein Problem.

Natürlich zieht es jeden Single irgendwann nach Hause, aber wann genau bestimmt er selbst. Meistens sind es bestimmte Umstände, die ihn zu einer Stippvisite in die heimische Wohnung zwingen: Er braucht frische Klamotten, eine kalte Dusche oder eine Mütze Schlaf. Dann schließt er in aller Seelenruhe die Tür auf, niemand kommt ihm entgegen und fragt mit gereizter Stimme, wo er jetzt herkommt und warum es so spät geworden ist.

Nein, wenn der Single nach Hause kommt, sieht alles noch genauso aus, wie er es hinterlassen hat. Bis auf die Blume vielleicht, die lässt ganz schön die Blätter hängen. Nächstes Mal kauft der Single sich besser einen Kaktus.

Weil bei Singles niemand
an die Badezimmertür hämmert

Früher galt eine feste Regel: Frauen brauchen Stunden im Bad, Männer nur wenige Minuten. Katzenwäsche, cremen, einmal durch die Haare bürsten, fertig. Leider haben sich diese klaren Verhältnisse radikal geändert: Seit es prominente Beispiele wie Starkicker David Beckham oder Take-That-Rampensau Robbie Williams mit der »Metrosexualität« ein wenig, nun ja, übertrieben haben, stehen auch Freizeitkicker aus Bielefeld und Unter-der-Dusche-Sänger aus Garmisch-Partenkirchen stundenlang vor dem Spiegel und stylen sich ausgiebig. Heute stehen viele Männer ihren Frauen in puncto Stylingaufwand in nichts mehr nach. Im Gegenteil, Studien haben sogar offiziell bestätigt, was manche Frauen schmerzlich selbst erfahren mussten: Schatz steht mittlerweile täglich 30 Minuten im Badezimmer, wir Frauen dagegen nur 26 Minuten.[*]

Diese beinahe identisch lange Pflegezeit führt neben vielen Vorteilen (zum Beispiel, dass die »neuen« Männer enthaart, parfümiert und stets gut gekleidet sind) zu einem großen Nachteil: Zwischen Mann und Frau entbrennt morgens ein regelrechter Kampf darum, wer als Erster (und damit zeitlich relativ unbegrenzt) ins Bad gehen darf. Schließlich wollen beide morgens ganz in Ruhe ihr jeweiliges ausgedehntes und vollständiges Pflegeprogramm durchziehen.

Schwein hat also der, der morgens früher wach ist als seine bessere Hälfte und sofort aus dem Bett stürmt. Dann kann er sich im Bad verriegeln, während der andere nur von draußen an

---

[*] Quelle: *Kosmetikverband VKE, 2008*

die Tür klopft. Richtig anstrengend wird es, wenn ein Paar auch noch mit Kindern gesegnet ist: Dann kann man sich sicher sein, dass man im Bad keine fünf Minuten seine Ruhe hat.

Bei Singles dagegen ist das Badezimmer kein hektischer Kampfschauplatz, sondern eine Wellnessoase. Sie haben einen riesigen Badezimmerschrank, in dem sie ausreichend Tiegelchen, Haargel-Tuben und Parfüm-Flakons aufstellen können – und zwar ohne dass sie ein anderer zur Seite schiebt oder vielleicht sogar ungefragt benutzt. Singles können stundenlang in der Badewanne liegen, bis die Hände ganz verschrumpelt sind, das Wasser nur noch lauwarm, der Schaum aufgelöst und der Kopf leer ist. Niemand setzt sich in diesen wertvollen Minuten auf den Wannenrand, um zu erzählen, was der Chef für ein Idiot ist, keiner drängelt und klopft und klopft und klopft, dass man endlich aus der Wanne steigen soll, weil er auf die Toilette muss (wenn man die Tür doch abgeschlossen hat). In seiner Badewanne ist der Single ein ungestörter Kapitän.

Weil Singles zu Hause
keine Manieren brauchen

In meinem Kleiderschrank hängen vier Schluffihosen. Eine in Flieder, eine in Blau, eine, die mal weiß war, bevor ich sie mit einer dunkelblauen Jeans gewaschen habe, eine in Schwarz. Alle ausgeleiert, zum Teil löchrig und definitiv unvorzeigbar. Aber das macht nichts: Außer mir wird diese Schuffihosen, die ich immer dann trage, wenn ich mich entspannen will, nie jemand zu Gesicht bekommen. Es sei denn, in meinem Haus bricht ein Feuer aus und ich muss die Wohnung innerhalb von Sekunden verlassen.

Ich trage meine Schluffihose, wenn ich abends mit einer Tüte Chips auf der Couch liege, ich schlüpfe am Wochenende direkt nach dem Aufstehen hinein und gehe damit maximal nach draußen auf den Balkon, wenn ich die Blumen gießen muss. Normalerweise zeige ich mich der Welt und anderen Menschen erst, wenn ich die Schluffihose gegen ein richtiges Outfit eingetauscht und mir ein Gesicht aufgemalt habe. Ich habe ja schließlich einen Ruf zu verlieren. Und immer wenn ich einen Freund hatte (oder jemanden, der zumindest an der Kreuzung Freundschaft Ecke Beziehung stand), versteckte ich meine Schluffihose ganz unten im Schrank und tat so, als würde ich auch dann kurze Röcke, enge Jeans und Smokey Eyes tragen, wenn wir einen DVD-Abend auf der Couch machten. Sobald der Mann jedoch wieder in der Versenkung verschwand, tauchten meine Schluffihosen aus dieser wieder auf.

Als Single kann man sich in den eigenen vier Wänden von seiner hässlichsten Seite zeigen und sämtliche Regeln des guten Benehmens vergessen. Man kann wie ich eine ausgebeulte Hose tragen oder man kann husten, ohne die Hand vor den Mund zu nehmen. Man kann eine Gurkenmaske im Gesicht haben und eine Notfrisur auf dem Kopf. Man kann schmatzen und den Arm beim Essen aufstützen. Man kann beim Essen sogar noch ein Buch lesen. Man kann ständig aufstoßen (als Single kann man es sogar rülpsen nennen!) und mit vollem Mund reden. Das Doofe daran ist nur, dass keiner da ist, dem man mit vollem Mund etwas erzählen könnte. Manchmal sagt der Single dann einfach irgendwas zu sich selbst (so etwas wie »Ach, ist das herrlich!«), nur um sich dieses Gefühl totaler Freiheit für ein paar Sekunden vor Augen zu führen.

Weil Singles einen
Doppelkleiderschrank allein füllen

Man kann gar nicht »zu viel« Platz im Schrank haben, auch dann nicht, wenn man in seiner Wohnung ursprünglich einmal zu zweit wohnte, jetzt aber nicht mehr, weil sich Schatzi nach ein paar gemeinsamen Jahren plötzlich aus dem Staub gemacht oder weil man ihn höchstpersönlich in die Wüste geschickt hat. Wenn man nach einer Beziehung plötzlich wieder Single ist (vorausgesetzt, man hat auch zusammengelebt), hat man in – beziehungsweise: auf – wesentlichen Möbelstücken doppelt so viel Platz wie vorher. Im Bett zum Beispiel, auf der Couch, vielleicht sogar in der Badewanne, im Schuh-/Kleider- und Kühlschrank. Natürlich kommt es einem in – beziehungsweise: auf – einigen Möbelstücken erst mal ziemlich leer und einsam vor; im Bett zum Beispiel fühlt sich der Neu-Single vielleicht erst mal verloren. Und beim Anblick der Badewanne, in der man einige, sagen wir mal, romantische Stunden verbracht hat, bekommt er ein dumpfes Gefühl im Bauch. Aber das alles ist vergessen, wenn er einen Blick in den Kleiderschrank wirft: Darin ist jetzt schließlich auch doppelt so viel Platz (was vor allem Single-Frauen ein seliges Grinsen aufs Gesicht zaubern dürfte)!

Vorbei sind endlich die Zeiten des halbjährlichen Aussortieren von T-Shirts, Pullovern, Röcken und Jeans, die man zwar vielleicht irgendwann noch mal anziehen würde, aber die dafür sorgen, dass sich die Türen des Kleiderschrankes nicht mehr schließen lassen. Vorbei sind auch die Zeiten, in denen man aus Platzgründen jeweils nur die Sommer- bzw. Wintergarderobe im Schrank aufbewahren konnte und das zur jeweiligen Saison nicht Passende drei Stockwerke hinauf zum Dachboden tragen musste.

Vorbei die Zeiten, in denen man sich noch zwischen den schwarzen Stiefeln mit dem Keil- und dem Pfennigabsatz entscheiden musste oder zwischen dem Kapuzen- und Rollkragenpullover. Ab sofort nimmt man einfach beides – zumindest, wenn der Kontostand es erlaubt, denn im Schrank ist Platz genug.

Selbst wenn der Doppelkleiderschrank gar nicht das Überbleibsel einer Trennung ist, findet man ihn häufig in Single-Wohnungen: Singles leisten sich gern Möbelstücke, die man eigentlich eher bei Paaren vermuten würde. Nicht weil sie sehnlich darauf hoffen, dass irgendwann ein anderer Single bei ihnen einzieht und sie gemeinsam das Single-Leben an den Haken hängen können. Sondern weil Möbel für Paare einfach erwachsener aussehen. Ein Single-Bett (ein Meter breit) erinnert einen eher an das Jugendzimmer von damals als ein Doppelbett. Und ein zweitüriger Kleiderschrank sieht aus, als würde man keinen Wert auf Kleidung legen. Also nimmt der Single immer gleich die große Variante – und genießt, dass er sie ganz allein benutzen kann!

KAPITEL 2

Flirten & Daten

Weil Singles ständig
neue Bekanntschaften machen

Singles lernen dauernd neue Menschen kennen. Nicht, weil sie verzweifelt auf der Suche nach einem Partner sind und diese Suche sie dazu treibt, jeden auch nur annähernd interessanten Vertreter des anderes Geschlechts anzusprechen. Nein, Singles strahlen einfach eine bestimmte Offenheit gegenüber anderen Menschen aus. Was natürlich auch daher kommt, weil sie nicht befürchten müssen, ihren Partner zu verärgern oder vor den Kopf zu stoßen. Diese Freiheit macht es für Singles leichter, mit Fremden ins Gespräch zu kommen. Und jede dieser neuen, sagen wir mal, Bekanntschaften ist eine Bereicherung für das Leben des Singles, denn es bringt ihn mit etwas in Berührung, das man vorher nicht kannte. Schließlich hat fast jeder Mensch irgendein Hobby, ein Interesse, einen Charakterzug oder etwas anderes, was man selbst nicht hat und dem man bisher auch nicht begegnet ist. Ob nun die Vorliebe für Salsa, Fernreisen oder fürs Bierdeckelsammeln.

Vor Kurzem habe ich einen Mann kennengelernt, der Jazzmusik liebte. Für mich war Jazz bisher immer ein haltloses Gedudel verschiedener Instrumente, das nur Menschen im Alter meiner Eltern hören. Doch dieser Mann (nicht im Alter meines 64-jährigen Vaters, sondern 38) versuchte mir zu erklären, dass hier nichts durcheinander, sondern alles Kunst sei. Ah ja. Meine Liebe zum Jazz hat er mit seinem Vortrag zwar nicht geweckt, aber zumindest könnte ich jetzt bei einem Partytalk zu diesem Thema ein paar intelligente Sätze beisteuern. Mein Vater war von meinem neuen Wissen jedenfalls schwer beeindruckt.

Liierte halten zu Fremden in der Regel einen gesunden Abstand. Sie sind höflich, aber distanziert, denn es könnte ja sein, dass der andere einen in Wirklichkeit anbaggern will. Wenn man fremde Leute jedoch ständig auf Distanz hält, entgeht einem aber vielleicht nicht nur eine nette Unterhaltung, in der man etwas über neue Dinge und interessante Lebensstile erfährt, die meilenweit vom eigenen entfernt sind, sondern unter Umständen auch ein toller Mensch, der das eigene Leben bereichert. Vielleicht nicht so toll, dass man ihn vom Fleck weg heiraten würde, aber toll genug, dass er zu einem neuen Freund wird. Oder jedenfalls zum Begleiter für ein Jazzkonzert – so wie bei mir.

Weil Singles noch richtige Dates haben

Die allgemeine Meinung von Singles zu Dates variiert von »Finde ich spannend« über »Müssen nun mal sein« bis hin zu »Sind die Pest«. Ich gehöre zur dritten Gruppe und finde Dates normalerweise schlimmer als einen Sieg des FC St. Pauli über meinen geliebten HSV. Das Dumme ist nur, dass Dates viel häufiger stattfinden als diese Nordderbys (in der zurückliegenden Saison zwei Mal, davor acht Jahre lang gar nicht). Zumindest sollten sie das im Idealfall.

Ja, viele Dates sind anstrengend. Weil man nie weiß, ob der andere hält, was man sich von ihm beim Kennenlernen in einer verrauchten Kneipe und mit alkoholgetrübtem Blick versprochen hat. Weil man vor jedem Date die Hosen voll hat, obwohl man sonst für seine ganz große Klappe bekannt ist. Aber einige Dates sind zugegebenermaßen auch aufregend, unterhaltsam und spannend – und entschädigen dann für all die Fehlgriffe davor.

Eine Menge hängt davon ab, mit wem man sich trifft. Wenn es sich zum Beispiel um jemanden handelt, den man richtig toll findet, dann fühlt sich schon die Vorbereitung auf diese Verabredung so gut an wie ein Orgasmus: Man ist schon Tage und erst recht Stunden vorher so aufgeregt, dass der ganze Körper kribbelt (wie gesagt: Orgasmus!). Man denkt, die Welt würde einem an der Nasenspitze ansehen, dass man gleich einen tollen Typen oder eine Spitzenfrau trifft. Man pfeift, man gibt dem Gitarristen in der U-Bahn fünf Euro, weil er den Lieblingssong von Elvis mit seiner Interpretation verschandelt hat, man zieht ein Outfit an, dann zieht man es wieder aus und doch lieber etwas anderes an. Weil in dem blauen Hemd das Sixpack oder in dem roten Kleid der Knackarsch nicht richtig zur Geltung kommen. Und man sich bei dem Date ja nur von seiner allerbesten Seite zeigen will. Das macht man insgesamt 37 Mal, um am Ende dann doch wieder das allererste Outfit anzuziehen.

Diese Dates sind großartig. Auch dann, wenn einem am Ende des Abends der tolle Typ oder die Spitzenfrau keinen Kuss, sondern einen Korb gibt, oder sie doch nicht mehr so toll und spitze sind. Ganz egal, denn man hat gelernt, dass man sich noch richtig für jemanden begeistern kann.

Leider lässt man sich als Single auch ab und zu auf Verabredungen ein, die eher in die Kategorie »Training« oder »Mitleid« fallen: Man weiß von Anfang an, dass dabei nichts Großes herauskommen wird, weil man kein Kribbeln, sondern eher einen Gähnreflex verspürt. Zeitverschwendung sind diese Verabredungen trotzdem nicht: Erstens verlernt man so nicht, wie man sich in der Gegenwart eines gegengeschlechtlichen Mitmenschen verhält, zweitens kann man auch einen netten Abend mit jemandem verbringen, den man selbst nicht spannend findet, der einen selbst dafür aber umso spannender findet. Denn in diesem Fall ist man selbst der tolle Typ beziehungsweise die Spitzenfrau und hat die Entscheidung in der Hand, ob es einen Korb oder Kuss gibt. Ist das nicht auch ein verdammt gutes Gefühl?

Weil Singles immer wieder
prickelnde erste Küsse erleben

Es ist sicher nicht das oberste Ziel eines Singles, eine wildfremde Person zu küssen, wenn er abends ausgeht. Meistens will er einfach nur Spaß haben, ein bisschen tanzen und mit einem anderen Single (oder einem Liierten, dessen Anhang heute nicht mitkommen wollte) über die restlichen anwesenden Singles lästern. Aber manchmal, ganz spontan, passiert es dann eben auch, dass man herrlich unverbindlich mit einer anderen Person herumknutscht, die man drei Stunden vorher noch gar nicht kannte.

Erste Küsse rauben einem meistens den Verstand und ganz oft den Atem. Sie sind spannend und unvorhersehbar, denn man weiß vorher nie, wann sie passieren und wie sie sich anfühlen. Man hat keine Ahnung, ob der andere, der mit seinen Lippen so spannende und gute Geschichten erzählen kann, mit diesen auch genauso gut küsst. Oder ob er mit seiner Zunge so tief gräbt, dass man denkt, er arbeite daran, einen Fluchttunnel zu bauen. Ob man nach einem Kuss mit ihm aussieht, als wäre man mit dem Gesicht in einen nassen Lappen gefallen, oder ob man ständig mit den Zähnen aneinanderhaut und sich deshalb wie ein Teenager fühlt, der zum allerersten Mal ausprobiert, wie Küssen eigentlich geht. Einen ersten Kuss kann man nie erwarten und zögert ihn trotzdem hinaus. Man will küssen, aber nie den Anfang machen.

Ein erster Kuss ist aber auch deshalb so spannend, weil er eine Menge darüber aussagt, ob man überhaupt zusammenpasst. Im Bett, in der Beziehung, im Leben. Es gibt wenige Menschen (zumindest wurde mir das in vielen Gesprächen bestätigt), die es mit einer anderen Person zu einer funktionierenden, leidenschaftlichen Beziehung gebracht haben, wenn sie nicht von Anfang an vernünftig mit ihr knutschen konnten.

Der Single erlebt dauernd erste Küsse, weil er selten eine Person zweimal küsst, also zumindest selten an einem zweiten Abend. Für Singles ist Knutschen ein Spiel, aber nicht immer ein Vorspiel, denn nicht alle Küsse führen später zum Sex. Manchmal sind sie nur ein Spiel fürs Ego, denn leichter kann der Single nicht herausfinden, ob er noch begehrenswert ist, als beim Knutschen mit einem Fremden am Ende des Abends.

Weil Singles eine Knutsch-Notfall-Nummer haben

Doch eines darf man nicht unterschätzen: Erste Küsse bedeuten auch jedes Mal wieder einen hohen Aufwand. Meistens muss man seinem Gegenüber ein paar Drinks spendieren, aber auf jeden Fall muss man sich erst mal ein wenig mit ihm unterhalten, um warm zu werden. Man muss unter Umständen sogar bei Themen Interesse bekunden, die man so spannend findet wie einen Rosamunde-Pilcher-Roman. Und manchmal hat der Single einfach keine Lust, für einen simplen Kuss diese ganze Arbeit zu leisten. Zum Glück hat sich für diesen Fall ein einfaches System durchgesetzt, mit dem Singles trotzdem zu ihrem Gutenachtkuss kommen, wenn sie sich danach sehnen.

Meine Freundin Katrin hatte mal eine Episode mit einem Mann, mit dem sie zwar perfekt knutschen, aber leider nicht besonders gut reden konnte. Er verstand ihren manchmal etwas speziellen (andere würden sagen: gehässigen) Humor nicht und war im Minutentakt über etwas beleidigt, was Katrin gesagt und sofort wieder vergessen hatte. Aber dieses Phänomen kennt jeder Single: Es gibt Männer bzw. Frauen, mit denen man in der ein oder anderen Disziplin sehr gut harmoniert, und in anderen ganz und gar nicht. Das ist trotzdem kein Grund, die Nummer des anderen gleich aus dem Telefon zu löschen. Schließlich muss man die Goldmedaille ja auch nicht in jeder olympischen Disziplin holen, um ein Star zu sein.

An Abenden, an denen Katrin ein paar Gläschen getrunken hatte und von einem Gefühl der Einsamkeit gequält wurde (ja, die überfällt Singles manchmal auch, meistens, wenn sie betrunken sind), war ihr egal, ob dieser Mann und sie Dialoge wie Günter Netzer und Gerhard Delling führen konnten oder nicht.

Sie schickte ihm mitten in der Nacht eine SMS (sogar wenn ich dabeben stand), die nur ein einziges Wort enthielt: »Wo?« Nach wenigen Minuten bekam sie eine Antwort, mit der Angabe, wo er sich gerade aufhielt. Da stand »Bar XYZ« oder »zu Hause«. Ob sie sich den Kuss dann wirklich noch abholen wollte, entschied Katrin je nach Gemütslage. Meistens reichte es ihr schon zu wissen, dass sie knutschen könnte, wenn sie wirklich wollte – und dafür nicht bis morgens um fünf um einen Kerl in einer Bar herumkreisen musste.

Weil Singles den DJ oder die Barfrau anstarren dürfen

Es scheint ein ungeschriebenes Gesetz zu sein, dass an Mischpulten oder Tresen immer besonders schöne Menschen arbeiten. Vielleicht hoffen die Wirte, dass sie dadurch ihren Umsatz ins Unermessliche steigern können – und wahrscheinlich tun sie es sogar. Denn die attraktiven Vertreter mancher Berufsgruppen ziehen andere Männer und Frauen nahezu magisch an.

Rockstars gehören dazu, Barmänner, DJs, aber auch Piloten. Das sind zwar alles keine Männer zum Heiraten (bis auf den Piloten vielleicht, allerdings jettet der ständig durch die Welt und ist in zehntausend Metern Höhe mit Stewardessen eingesperrt), denn ihr Leben ist viel zu unstet und man selbst viel zu vernünftig. Aber alles, was anders ist, ist eben auch faszinierend. Bei Männern sind es oft Krankenschwestern, Stewardessen oder Kellnerinnen, denen sie hinterherschauen. Wahrscheinlich, weil sie alle Pflege- und Bewirtungskompetenz ausstrahlen – Dinge, auf die Männer vielleicht unbewusst Wert legen.

Wie auch immer: Bei einer Begegnung mit einem besonders attraktiven Vertreter dieser Berufsstände haben Singles und Liierte niemals den gleichen Spaß. Wenn nämlich Liierte anfangen, diesen hübschen Personen zu tief in die Augen zu gucken oder gar zu flirten, gibt es entweder einen harten Tritt gegen das Schienbein oder gleich eine riesige Szene, wenn die bessere Hälfte dabei ist. Und selbst wenn die nicht dabei ist, kann der Liierte sich nicht so richtig austoben, denn er spürt nicht nur das schlechte Gewissen, sondern auch die innere Leine. Er dürfte zwar jagen, aber nicht erlegen. Nach Hause geht er über kurz oder lang auf jeden Fall allein. Für Singles ein netter Nebeneffekt: wieder ein Nebenbuhler weniger!

Singles haben bei diesem Spiel richtig Spaß. Sie bestellen mehr, als sie trinken können und sollten (wenn sie es auf den Barkeeper oder die Kellnerin abgesehen haben). Sie wünschen sich fünf Mal am Abend Lieder, die sie kaum richtig aussprechen können (beim DJ), und stehen beim Konzert kreischend in der ersten Reihe (beim Musiker). Sie sind sich nicht zu schade dafür, sich auch wie ein Groupie aufzuführen, denn sie erwarten bei diesen Exemplaren viel Spaß, aber selten die große Liebe. Und selbst wenn sie einen Korb bekommen – einem schönen Menschen hinterhergucken zu dürfen, ist doch auch ein Genuss!

Weil Singles sich für Dates
ein neues Outfit zulegen

Beim Essen gilt ein wichtiges Gesetz, das man gut auf den Dating-Dschungel übertragen kann: Das Auge isst mit. Ein Gericht kann noch so gut schmecken, wenn es nicht entsprechend angerichtet ist, verliert man die Lust zuzulangen. Ähnliche Mechanismen funktionieren auch an der Flirt-Front: Die inneren Werte können noch so schön sein – wenn die Hülle nichts hermacht, wird niemand diese so schnell erkennen.

Als Single muss man also dafür sorgen, dass die Hülle immer einen guten ersten Eindruck macht. Frisur, Klamotten, Make-up – alles muss stimmen. Und in diese Hülle muss man eben auch investieren – das bedeutet übersetzt: Singles lassen sich ihr gutes Aussehen auch eine Stange Geld kosten. Das Statistische Bundesamt hat berechnet, dass Singles im Vergleich zu Menschen, die eine Beziehung führen, knapp hundert Euro mehr im Jahr für Kleidung ausgeben.

Aber wen kann das schon überraschen? Denn Singles haben im Gegensatz zu Paaren ja auch schließlich ständig einen wichtigen Anlass, für den sie ihre Garderobe erneuern oder zumindest um ein paar neue Teile erweitern müssen: ein Date zum Beispiel. Schließlich will er sich dann von seiner besten Seite zeigen – und die sieht in einem neuen Kleid oder dem Designer-Hemd nun mal noch ein bisschen besser aus.

Glücklicherweise verlangt vom Single auch niemand, mal einen Blick auf den Kassenzettel zu werfen, wenn er mit ein paar Tüten unter dem Arm vom Shopping-Trip zurückkommt. Und keiner beschwert sich dann, weil das Geld doch eigentlich in eine Hi-Fi-Dingsbums-Super-Anlage oder ein neues Auto investiert werden sollte.

Ein neues Outfit ist ohnehin eine viel bessere Anlage als jedes Technikgerät oder Auto: Diese paar Textilien sprechen nicht nur andere Menschen an (obwohl sie das im Idealfall auch tun), sie sind auch ein Zeichen für die momentane Gefühlslage des Singles. Eine Aussage, woher man kommt und wohin man will (ins Bett eines One-Night-Stands oder vor den Traualtar). Außerdem wird man nie so häufig angesprochen wie in einem Outfit, in dem man sich richtig wohl und unwiderstehlich fühlt. Das muss kein kurzer Rock sein, an dem man ständig herumzupft, und kein eng anliegendes Hemd, in dem man nur sehr, sehr flach atmen kann. Es ist das, was man nicht nur trägt, sondern richtiggehend ausführt.

Weil Singles für ihr Outfit
Komplimente bekommen

Man muss sich nichts vormachen: Sobald man in einer Beziehung die Werbewochen geschafft und der Alltag sich eingeschlichen hat, fällt die Frequenz der Komplimente, die der eine dem anderen macht, auf nahezu null zurück. Alles, was man vorher noch gern thematisiert hat – das lässige Sportoutfit, die knackigen Jeans, das schelmische Lächeln –, findet ab diesem Zeitpunkt keine besondere Erwähnung mehr. Besonders enttäuschend ist es, wenn man sich extra ein neues Outfit zugelegt hat und nach einem Kompliment hungert wie ganz Deutschland nach einem WM-Titel. Vor allem, weil man wissen will, ob einem das neue Kleid oder das extravagante Hemd auch wirklich stehen.

Natürlich könnte man jetzt sagen, dass Singles ja auch niemanden haben, bei dem sie sich auf Kommando ein Kompliment abholen können – aber zum Glück ist das nur die halbe Wahrheit. Denn der Single lebt vielleicht allein und steht deshalb auch meistens allein vor dem Kleiderschrank, aber der Single ist eben auch einfallsreich. Und deshalb schickt er ganz lässig eine MMS von sich und seinem neuen Outfit an die besten Freunde und fragt, was sie davon halten. Das hat nämlich gleich zwei Vorteile: Denn zum einen sind die Freunde objektiv, weil sie einen zwar lieben, aber keine Angst vor sexueller Zurückweisung haben, wenn sie etwas Kritisches sagen (das kann in Beziehungen nämlich schon mal vorkommen). Und zum anderen können sie durch diese Objektivität auch gnadenlos ehrlich sein – und Ehrlichkeit auf die Frage »Wie sehe ich darin aus?« ist in einer Paarbeziehung so eine Sache. Denn eigentlich will man die Antwort nur hören, wenn sie positiv ist.

Der Single jedoch hört vielleicht auch mal einen negativen Kommentar, aber den kann er leicht wegstecken – zumindest wenn er von den besten Freunden kommt. Denn er weiß, dass die ihn nur davor bewahrt haben, bei dem wichtigen Anlass, für den das Outfit gedacht war, am Ende ohne ein Kompliment nach Hause zu gehen.

Übrigens: Falls dieser Anlass ein Date ist, sollte ein Kompliment obligatorisch sein. Nicht nur, weil man sich ja wirklich für den anderen in Schale geworfen hat, sondern weil es auch zum guten Ton gehört zu sagen, wie umwerfend der andere aussieht. Zumindest gehört es sich für einen Mann. Wenn er das vergisst, ist er schneller aussortiert als ein Outfit, über das die Freunde sagen, es würde einem nicht stehen.

Weil Singles bei Dates nie
die ungeschminkte Wahrheit erfahren

In Beziehungen gibt es einen Moment, in dem die Schluffi-hose des einen zum Politikum für den anderen wird. Zieht der Partner diese ausgeleierte Büx irgendwann nur noch aus, wenn Besuch kommt oder er aus dem Haus geht, steht garantiert Ärger an. Denn von seiner besten Seite zeigt man sich mit diesem Kleidungsstück nun wirklich nicht. Als Single kommt man mit anderen Menschen so gut wie nie an diesen Punkt. Wenn man mit jemandem verabredet ist, kann man sich sicher sein, dass dieser sich nicht das Erste anzieht, was er im Schrank gefunden hat, und auch nichts, was er beim Fernsehabend auf der Couch anziehen würde. Zu einem Date erscheinen Mann und Frau immer ge-schniegelt und gebügelt (Frauen vielleicht noch ein bisschen mehr als Männer) und tun so, als würden sie schon morgens so aus dem Bett steigen. Knitterfalten im Gesicht? Mundgeruch? Hello-Kitty-Nachthemd? Alles Dinge, die sie gar nicht kennen.

Das Gute an ersten Dates ist, dass man sein Gegenüber immer nur von der besten Seite erlebt. Er sieht nicht nur blendend aus, er benimmt sich auch so. Der Mann öffnet der Frau die Autotür, er hält die Tür zum Restaurant auf und hört interessiert zu, was sie erzählt – selbst wenn er das Gespräch über die Röteln der benachbarten Kinder so spannend findet wie ein Halma-Turnier mit chinesischem Kommentator. Er achtet darauf, dass man stets etwas zu trinken hat, fällt einem nicht ins Wort und bezahlt am Ende brav die Rechnung.

Natürlich passiert das alles nur aus einem simplen Grund: weil die Person einen rumkriegen möchte. Zu einem Kuss, zu Sex, vielleicht auch zu einer Beziehung. Und dafür muss sie einen beeindrucken, egal unter welchen Umständen. Da behauptet die Frau zum Beispiel schnell mal, dass sie genau wie ihr Gegenüber Eifersucht furchtbar findet. Und erinnert sich insgeheim noch gut daran, wie sie noch vor ein paar Monaten mit einem Feldspäher im Gebüsch vor dem Fenster ihres Exfreundes lauerte, der ein großer Filou war. Nur würde man das bei einem ersten Date natürlich nie erzählen. Die ganze Wahrheit hebt man sich für die Beziehung auf – falls es dazu kommt.

Weil Singles sogar
auf dem Sofa flirten können

Auf dem Sofa findet dich kein Prinz« – diesen Spruch hat meine Mutter oft zu mir gesagt, wenn ich mich am Samstagabend nicht aufraffen konnte, Pyjama gegen Partykleid zu wechseln und auf die Piste zu gehen. Sie weckte damit eine Urangst in mir: dass ich für immer allein auf der Couch versauern würde und keiner da wäre, der mir dabei Gesellschaft leistet. Single zu sein ist eine Sache, einsam zu sein eine ganz andere.

Weil man sich seine Zukunft niemals als einsamer Eremit in schlabberigen Klamotten auf einer durchgesessenen Couch vorstellt, hat mich dieser Satz früher stets dazu gebracht, doch noch loszuziehen. Heute sind diese Zeiten vorbei: Ich bleibe etwa jeden zweiten Samstagabend zu Hause – und fühle mich dabei weder einsam noch untätig an der Singlefront. Im Gegenteil: Ich flirte mich um Kopf und Kragen. Und zwar nicht nur mit einem, sondern gleich mit einer ganzen Handvoll Männer. Mehr, als ich es draußen an einem Abend jemals schaffen würde, auch wenn ich im Zehn-Minuten-Takt die Bar wechseln würde. Wahrscheinlich ist diese hohe Erfolgsquote auch einer der Gründe, warum jeder zweite Single davon ausgeht, dass er seinen Partner online finden kann.[*]

Online-Dating ist für Singles wie ein Buffet, das man nach Hause geliefert bekommt. Es werden Häppchen auf dem Silbertablett präsentiert, und man darf wählen, worauf man heute Appetit hat. Mann oder Frau. Blond oder Brünett. Jung oder Alt. Man könnte sogar Jung und Alt, Blond und Brünett parallel

---

[*] Quelle: *infratest dimap für partner.de, 2010*

anflirten – im Internet muss man nicht monogam sein. Und man muss auch nicht erst herausfinden, worüber man mit einer Person sprechen könnte – sondern liest sofort auf ihrem digitalen Steckbrief, dass die Brünette mit dem sympathischen Lächeln Vogelkunde liebt oder der Mann mit der Gelfrisur Fußball verabscheut. Letzteres war für mich schon oft ein Grund, ein Profil sofort wegzuklicken – im echten Leben bräuchte ich ein paar Minuten (oder vielleicht sogar Stunden), bis ich das herausgefunen hätte. Aber besonders für Singles gilt: Wir haben keine Zeit zu verlieren, denn so schön und jung wie heute sind wir schon morgen nicht mehr.

Weil Singles sich nicht entmutigen lassen

Auf insgesamt etwa 80 Millionen Deutsche kommen nur circa elf Millionen Singles, das haben zumindest verschiedene Studien ergeben.* Wenn man von diesem Verhältnis ausgeht, ist es ziemlich wahrscheinlich, dass ein Single bei seinen täglichen Flirtaktivitäten öfter mal an eine Person gerät, die kein Single ist. Und die Wahrscheinlichkeit, von dieser Person einen Korb zu bekommen (wenn sie es nicht tut, ist sie auf jeden Fall ein Arschloch), ist auch ziemlich hoch. So hat der Single im Laufe seines Single-Daseins so viel mit Körben zu tun, dass er damit ein Fachgeschäft für Korbwaren eröffnen kann. Denn zu den Abfuhren, die er selbst kassiert, kommen ja auch noch diejenigen, die er selbst erteilt.

Sicher, man könnte damit jetzt hadern, dass man schon so lange Single ist. Man könnte glauben, dass man selbst nicht liebenswert ist oder zu hohe Ansprüche an andere Menschen hat. Dass man nicht mehr in der Lage ist, Kompromisse zu schließen und sein Leben lang allein ein Mitglied der Randgruppe Single bleibt. Einer Gruppe, von der alle anderen denken, dass ihre Mitglieder ganz schön schlimm getroffen sind.

Aber so denken Singles nicht. Natürlich sind Körbe im ersten Moment eine bittere Erfahrung und gehen einem auch ans Selbstbewusstsein. Andererseits: einen Korb zu bekommen, weil jemand schon vergeben ist, ist doch um Klassen besser, als einen Korb zu bekommen, weil man selbst bei dem anderen durchs Raster gefallen ist. Und wenn man bedenkt, wie viele man selbst durch sein Raster fallen lässt, ist die Balance doch wieder ausgeglichen. Neues Spiel, neues Glück.

---

* *Quelle: Parship, 2005*

Grund Nr. 24

Weil Singles Körbe geben können

Meine Kollegin Beate ist seit ungefähr sieben Jahren Single, unglücklich, wie sie selber sagt (was ich nie so recht nachvollziehen kann), und betreibt deshalb mit mir ebenfalls völlig unbekannter Ausdauer und Leidenschaft Online-Dating. In jeder zweiten Mittagspause betet sie mir vor, wie viel Spaß das macht, dass sie noch nie so viele Männer kennengelernt hat wie dort (wobei ich finde, dass es noch kein Kennenlernen ist, wenn man sich ein paar Nachrichten schickt) – und auch noch nie so viele Verabredungen mit Single-Männern hatte. Allerdings – und das gibt sie auch selber zu – sind viele von diesen Dates so angenehm wie eine Wurzelbehandlung beim Zahnarzt – sonst wäre Beate ja auch nicht immer noch Single. Entweder hat der Mann, mit dem sich Beate zum ersten Mal trifft, in puncto Aussehen maßlos geflunkert oder die Fotos von seinem Modelfreund ins Netz gestellt. Oder er ist so langweilig wie ein 0:0 in einem Fußballspiel. Oder er ist ein größerer Aufschneider als Dieter Bohlen.

Wenn eines von diesen Dingen der Fall ist, verabschiedet sich Beate schon nach höchstens 30 Minuten. Und nein, sie täuscht dann nicht vor, dass sie eine andere Verabredung ganz vergessen hat – oder lässt sich von einer Freundin per Telefon retten. Nein: Beate ist absolut ehrlich. Sie sagt dem Mann einfach klipp und klar, dass er bestimmt ein netter Kerl ist (was für ihn wahrscheinlich kein Trost ist), aber dass aus ihnen beiden leider nichts werden würde. »Ich habe keine Lust, meine Zeit zu verschwenden«, sagt sie hinterher zu mir, während ich mich frage, ob der Mann jetzt für immer durch ist mit Dates.

Natürlich gibt es schönere Beschäftigungen, als Körbe zu verteilen – aber der Single weiß, dass die nun mal ab und zu sein müssen und deshalb fürchtet er sich auch nicht davor. Auch wenn der Single zwar theoretisch mehr Zeit hat als ein Beziehungsmensch, will er diese Zeit nicht dafür nutzen, sie mit den Falschen zu verbringen. Also sagt er schnell und klar, dass sich sein Interesse an der anderen Person in Grenzen hält. Wenn ein Single das nicht drauf hat, eine ehrliche Abfuhr, wird er im Zweifel von jemandem, der an ihm eindeutig mehr Interesse hat als er selbst, in den Wahnsinn getrieben. Wenn er versucht, eine Sache einfach totlaufen zu lassen, wird er bis dahin stets und ständig angerufen, er bekommt eine SMS nach der anderen, erst nett, dann beleidigt und am Ende stinkesauer. Diesen ganzen Stress spart er sich also lieber und wählt klare Worte. Wenn man es ein, zwei Mal getan hat, kommt es einem auch nicht mehr so schwer vor. Im Gegenteil: Dann zahlt sich der Mut zu unangenehmen Wahrheiten vielleicht auf anderen Gebieten aus. Dem Job vielleicht?

KAPITEL 3

Sex & Body

Weil Singles sich beim Sex noch Mühe geben

Im Grunde herrscht beim Single-Sex fast dieselbe Ausgangslage wie bei einem ersten Date: Beide Personen, die an diesem besonderen Event teilnehmen, sind bemüht und zeigen sich von ihrer allerbesten Seite. Man dimmt zum Beispiel das Licht so, dass Falten im Gesicht und Dellen am Po nicht weiter auffallen. Und wenn es sich nicht unbedingt um Spontan-Sex handelt, sorgt man auch dafür, dass man nicht den ausgewaschenen Snoopy-Schlüpfer oder die Boxershorts mit den fliegenden Hunden darauf trägt, sondern irgendwas mit Spitze (bei Frauen) oder etwas Enganliegendes (bei Männern). Und natürlich hat man dann auch nicht die schlimme FC-Bayern-München-Bettwäsche mit den vielen Löchern aufgezogen und kontrolliert mehrfach, ob man angenehm riecht – was aber nicht bedeutet, dass man über den Kneipengeruch einfach sein Parfüm sprüht.

So weit zu den äußeren Umständen – aber nicht nur die sind beim Single-Sex bis zur Perfektion organisiert, auch in Sachen Performance zeigen sich beide Teilnehmer von ihrer Sahneseite. Umfragen in meinem Freundeskreis haben ergeben, dass Single-Sex manchmal Stunden dauern kann. Denn während Sex bei Paaren meistens zweck- und zielorientiert ist (heißt: zuverlässig einen Orgasmus zu bekommen), gilt bei Single-Sex eher: Der Weg ist das Ziel. Der Single genießt die ungewohnte Tatsache, dass ein fremder, aber gut riechender Körper neben ihm liegt, und verwöhnt diesen nach Strich und Faden. In einem ausgedehnten Vorspiel versucht er herauszufinden, was der andere mag und was nicht. Man bemüht sich, den anderen voll und ganz zu befriedigen und einen besonders guten Eindruck zu hinterlassen – schließlich könnte es ja sein, dass diese Nacht nicht nur ein One-

Night-Stand bleibt, sondern in einer Affäre endet (und manch unverbesserlicher Single hofft sogar auf eine Beziehung). Aber dafür muss man eben auch beim Probelauf überzeugen.

Weil Singles nach mieser Performance gehen

Natürlich darf man sich nichts vormachen: Nicht jeder Sex ist so göttlich, dass man die Engel weinen hört. Auch wenn sich beide daran beteiligten Personen die größte Mühe geben: Wenn zwei Menschen einfach nicht miteinander harmonieren, kann der Sex sogar richtig mies sein. Dann ist zum Beispiel der Akt an sich von extremer Ideenlosigkeit geprägt (was konkret bedeutet: Er müht sich oben ab und sie schläft unten fast ein). Oder der eine verlangt vom anderen so viel sportliches Geschick, dass der sich fühlt wie bei den Bundesjugendspielen. Und wenn die früher auf der Tagesordnung standen, hat er sich von Mama eine Entschuldigung schreiben lassen. Oder der Sexpartner steht auf Techniken, an die man nicht mal denken kann, ohne dass einem dabei entweder die Röte ins Gesicht schießt oder das Mittagessen wieder hochkommt.

Gerät der Single einmal an so einen Bettgenossen, ist es zwar unschön, aber das Problem auch schnell gelöst. Denn auch wenn der Single sich in der Regel zwar Mühe beim Sex gibt: Wenn klar ist, dass trotz des eigenen ambitionierten Einsatzes kein Feuerwerk zu erwarten ist, dann wird er egoistisch – und knallhart. Heißt: Wenn der andere es nicht schafft, ihn richtig in Fahrt zu bringen und zu befriedigen, ist der Single gelangweilt und überlegt, wie er dem Trauerspiel ein schnelles Ende bereiten kann. Da gibt es mehrere Möglichkeiten: Entweder er bricht freundlich, aber bestimmt ab. Geht folgendermaßen: Man sagt mit flüsternd-erschöpfter Stimme »Ich kann nicht mehr« und statt dass der Mann enttäuscht oder beleidigt ist, fühlt er sich gut, weil er denkt, er hätte die Frau mit seiner guten Leistung bis in die Erschöpfung getrieben. Funktioniert andersherum übrigens auch: Wenn ein Mann das sagt, fühlt die Frau sich geehrt, weil sie einen nimmermüden Mann befriedigt hat. Die zweite Möglichkeit, aus dem Bett des anderen herauszukommen, ist, dass der Single ein bühnenreifes Schauspiel hinlegt und so tut, als ob er einen Orgasmus hat.

Egal, auf welche Art die Nummer zu Ende gebracht wurde, der Single bleibt danach nur noch ein paar Anstandsminuten neben dem anderen liegen. Er kuschelt nicht, er schnurrt nicht befriedigt, er sagt auch nicht, wie schön die letzte Nacht war. Schließlich hat Mama immer gepredigt, dass man nicht lügen soll. Und das Beste daran: Ihn erwartet auch kein Problemgespräch darüber, was da nun vielleicht nicht richtig funktioniert hat und ob man in Sachen Sex vielleicht nicht besonders kompatibel ist.

Der Single springt einfach irgendwann auf, entschuldigt sich mit einem ganz frühen, ganz wichtigen Termin am nächsten Morgen und sucht das Weite (oder komplimentiert den anderen damit freundlich, aber bestimmt aus der eigenen Wohnung). Und beiden ist in diesem Moment klar, dass man nie wieder etwas voneinander hören wird.

Weil Singles sich einen Fuck Buddy gönnen

Ein »Fuck Buddy« bedeutet so viel wie: Man treibt es ständig mit derselben Person, nur betreibt man mit der eben keine Aktivitäten außerhalb des Bettes. Aber das erwartet zum Glück auch keiner der beiden Teilnehmer dieses, äh, Arrangements, denn sonst wäre der Fuck Buddy ja so etwas wie ein Partner. Stattdessen hat man einfach nur Sex, ohne Verpflichtungen, dafür aber auch ohne Hemmungen und überhöhte Erwartungen.

Meine Freundin Meike hat dieses Konzept zwei Jahre lang exzessiv ausgelebt – und sie hatte in dieser Zeit höchstwahrscheinlich besseren Sex als alle unsere Paar-Freunde zusammen.

Als Meike ihren »Fuck Buddy« bei dem Geburtstag einer Arbeitskollegin kennenlernte, hoffte sie sogar, dass die Sache mit ihm ernst werden könnte. Der Mann und sie hatten ein paar Dates, fanden sich gegenseitig so anziehend wie Bienen ein Stück Sahnetorte und landeten schnell in seiner Kiste. »Der Sex war göttlich«, schwärmte Meike mir hinterher vor. Es gab nur ein Problem: der Rest nicht. Denn am Morgen danach spürte sie zwar dieses postsexuelle Glücksgefühl und hatte ein entspanntes Grinsen auf dem Gesicht, aber der Mann versaute es innerhalb von Minuten: Als er ihr am Frühstückstisch gegenübersaß, blickte sie auf die letzte Seite der Zeitung statt in sein Gesicht. Er war einfach zu lange mit sich allein gewesen, um zu wissen, dass sich andere Personen morgens gern unterhalten.

Meike dagegen war nicht lange genug ein verzweifelter Single gewesen, um diese Ignoranz bei einem Mann einfach akzeptieren zu können. Sie ahnte, dass sich aus der letzten Nacht keine Beziehung entwickeln würde, weil es nicht ihre Aufgabe sein sollte, den Mann zu erziehen und mit ihm unendliche Diskussionen über mangelnde Wertschätzung und gutes Benehmen zu führen. Aber andererseits wusste sie auch, dass man ein so großes sexuelles Talent wie ihn nicht einfach vorbeiziehen oder gar ungenutzt lassen sollte.

Seitdem haben sich die beiden zwar nicht mehr zum Frühstück oder sonstiger gemeinsamer Nahrungsaufnahme getroffen (aber dafür hat Meike ja auch ihre Freundinnen), sondern nur noch zum Sex. Unkompliziert, spontan, hemmungslos, aber trotzdem mit einer ungewöhnlichen Vertrautheit. Am nächsten Morgen raffte Meike stets ihre Kleider zusammen und verließ mit einem flüchtigen Kuss auf die Wange und den Worten »Bis zum nächsten Mal« sein Domizil, um pünktlich im Café zu sein. Zum Brunch mit ihren Freundinnen.

Weil Singles keinen Gewohnheitssex haben

Das Wort »Gewohnheitssex« kennen Singles nicht, denn in der Regel haben sie selten mit derselben Person so oft Sex, dass jeder Handgriff schon Gewohnheit ist oder sie sich daran gewöhnen können. Natürlich haben sie im Falle eines Fuck Buddys zwar vertrauten Sex, aber auch der findet nicht so oft statt, dass aus vertraut irgendwann langweilig wird.

Natürlich hat es für Singles Vor- und Nachteile, dass sie keinen festen Sexpartner haben. Nicht so toll ist sicher (das will und kann ich gar nicht abstreiten), dass der Single deshalb in der Regel auch weniger Sex hat als ein Nicht-Single. Zumindest bestätigen zahlreiche Umfragen jedes Jahr aufs Neue, dass das die Realität ist. Es gibt nicht viele Singles wie Samantha Jones aus »Sex and the City«, die jede Nacht einen neuen Gespielen im Bett begrüßen und mit diesem jede Spielart der Lust durchturnen. Manchmal gibt es sogar ein paar Wochen (und wenn es ganz schlecht läuft: Monate) am Stück, in denen ein Single überhaupt keinen Sex hat. Verzweifeln tut er daran trotzdem nicht, denn er weiß ja, dass die nächste Nummer garantiert kommt. Wenn er nur geduldig ist.

Der Vorteil eines fehlenden Sexpartners ist aber, dass der Sex eben auch nie regelmäßig und selten mäßig wird. Er ist nicht alltägliche Kost, sondern ein Festessen. Man kennt das ja: Wenn man zum allerersten Mal mit einer Person schläft, ist man immer gespannt, was einen erwartet. Ob der andere irgendwelche, nun ja, ungewöhnlichen Neigungen hat, oder ob er ein Freund des unkontrollierten Haarwuchses ist. Ob er lieber im Bett Sex hat, in der Missionarsstellung, auf der Waschmaschine, im Bett des Mitbewohners, oder im unbeleuchteten Raum. Ob er beim Orgasmus schreit oder vielleicht sogar schluchzt. Jeder Sex mit einer neuen

Person ist eine Wundertüte und man kann nur in einem begrenzten Rahmen mitbestimmen, was alles drinsteckt. Aber sicher ist: Eine Wundertüte ist immer wieder überraschend.

Weil Singles Sextoys haben

Zum Glück leben wir in einer aufgeklärten Zeit, in der es ganz selbstverständlich ist, dass man für einen Orgasmus keine zweite Person braucht. Natürlich ist ein Orgasmus, an dem eine andere Person maßgeblich beteiligt ist, gut. Aber wenn man die Dinge selbst in die Hand nimmt, kann man eben auch die Spielregeln selbst bestimmen.

Nun ist es nicht so, dass Singles ständig zu Hause im Bett liegen und sich selbst befriedigen. Eher im Gegenteil: Je länger der Single ohne Sex lebt, desto weniger hat er überhaupt Lust darauf. Kurz nach einer Beziehung mag das vielleicht noch anders sein, schließlich bewegt man sich dann noch im Fahrwasser eines (mehr oder weniger rauschenden) Sexlebens. Aber je länger die letzte Beziehung her ist, desto mehr schippert man auch in ruhigere Gewässer.

Aber wenn dem Single mal nach einem Orgasmus ist, dann muss er dafür nicht losziehen und in der Kneipe eine fremde Person aufreißen (obwohl er es sogar machen könnte), nein, er ist auch für Single-Sex bestens gerüstet. Und zwar mit einem gut sortierten Sortiment an Sextoys: Vibratoren, Dildos, ein paar scharfe Filme, manchmal sogar Gummipuppen (für alle, die es, nun ja, etwas ausgefallener mögen). Bei Paaren kommen Sextoys in der Regel erst dann zum Einsatz, wenn die Aktion im Bett etwas eingeschlafen ist, und dann ist meistens einer von beiden deshalb beleidigt, weil er das Gefühl hat, es dem anderen nicht mehr richtig besorgen zu können.

Ein Single dagegen hat beim Nutzen von Sextoys keine Sekunde ein schlechtes Gewissen – sondern genießt nur ihre Vorzüge: Sie bringen einen zuverlässig zum Orgasmus und zwar ohne dass man ihnen danach irgendwas schuldig ist (zum Beispiel ebenfalls einen Orgasmus). Sie machen genau das, was man will, berühren einen dort, wo man es am liebsten mag. Man muss ihnen nichts erklären, man muss sie nicht loben und hinterher muss man nicht wach bleiben, wenn einem eigentlich nach Schlafen zumute ist. Klingt nach dem perfekten Liebhaber!

Grund Nr. 30

Weil Singles sich nicht enthaaren müssen
(aber es trotzdem tun)

Wer je in einer längeren Beziehung gelebt hat, weiß, dass man ab einem bestimmten Zeitpunkt äußerst bequem wird. Man zieht sich nicht mehr die Kleidungsstücke an, in denen man zwar besonders sexy aussieht, aber leider nicht tief ein- und ausatmen kann, sondern eher Klamotten, in denen man gemütlich auf der Couch liegen kann. Dieselbe Bequemlichkeit überträgt sich leider auch irgendwann auf die Körperpflege. Eine gewisse Grundhygiene wird natürlich gewahrt: tägliches Duschen und Haarwäsche (obwohl sogar daran am Wochenende mal gespart wird), Zähneputzen, Bartrasur. Und wenn wir schon beim Thema Rasieren angekommen sind: Es gibt da doch noch ein paar andere Körperteile, die manche Männer, aber auf jeden Fall alle Frauen an sich rasieren sollten. Beine, Achseln, Bikinizone, Brust. Letztes gilt natürlich nur für Männer.

Singles haben dieses Gesetz verinnerlicht: Die paar Minuten, die eine schnelle Rasur unter der morgendlichen Dusche (oder wahlweise der Besuch in einem Waxing-Studio) in Anspruch nimmt, haben sie immer übrig. Denn wenn man sich diese paar Minuten aus reiner Bequemlichkeit spart, kann es zu peinlichen Situationen kommen, die ein Single unbedingt vermeiden will.

Stellen wir uns mal vor, der Single ist abends in den einschlägigen Bars der Stadt unterwegs und lernt eine andere Person kennen, die ihn total verzaubert. Die beiden unterhalten sich, irgendwann knutschen sie stundenlang und am Ende des Abends stellen sie sich die unvermeidliche Frage: Zu dir oder zu mir? (Ja, das passiert Singles wirklich!). Eigentlich könnte jetzt alles so schön sein, es sei denn, man muss sich jetzt noch die Frage stellen: Wann habe ich mir eigentlich das letzte Mal die Beine/Achseln/Bikinizone/Brust rasiert? Wenn die Antwort darauf nämlich nicht lautet »heute Morgen«, kann das sämtliche Pläne für eine heiße Nacht ruinieren. Denn wer will sich einem neuen Gespielen schon mit Schmirgelpapier-Beinen präsentieren? Weil ein Single in seinem Leben immer mit dem Unverhofften und Schönen rechnen kann, beugt er diesen Situationen vor. Er rasiert sich einfach jeden Tag. Man kann ja nie wissen.

Weil Singles sich nicht gehen lassen

Der Single weiß, dass der eigene Körper zu seinem größten Kapital auf dem Flirtmarkt gehört – neben seinem (hoffentlich) spritzigen Humor und seiner sprühenden Intelligenz. Deswegen würde er dieses Kapital auch niemals leichtfertig verspielen, indem er sich auf die faule Haut legt und nicht mehr auf sich und sein Aussehen beziehungsweise sein Gewicht achtet. Und aus diesem Grund wird ein Single in den meisten Fällen immer ein bisschen aktiver bleiben als ein Liierter.

Es gibt Studien darüber, dass Frauen zunehmen, sobald sie in einer Beziehung stecken. Der Grund ist einfach: Haben sie sich als Single meistens noch gesund und kalorienbewusst ernährt, passen sie sich in einer Beziehung ein Stück weit automatisch den von Haus aus deftigeren Ernährungsgewohnheiten ihrer Männer an. Männer sollen in Beziehungen zwar theoretisch eher abnehmen, weil der gute (!) ernährungstechnische Einfluss ihrer Partnerinnen von Vorteil ist, aber persönliche Beobachtungen haben mir gezeigt, dass auch sie meistens zunehmen, sobald sie in festen Händen sind.

Ist ja auch kein Wunder, das Prinzip ähnelt den Gesetzen der Marktwirtschaft: Ein Auto, das einen neuen Käufer sucht, wird richtig glänzend poliert – ein Auto, das schon lange denselben Besitzer hat, wird nur noch sporadisch gewaschen. Bei Liierten ist es ähnlich: Sobald die ihren Mister Right gefunden und sich mit ihm zusammengetan haben, schläft auch das Sport- und Diätprogramm langsam ein. Man hat den anderen ja schon überzeugt und der wird einen sicher nicht verlassen, nur weil die Waage mal ein paar Kilo mehr anzeigt oder die Knackarsch-Jeans nicht mehr knackig ist, sondern knalleng.

Singles würden das nie tun. Zum einen, weil sie um die Wirkung von einem durchtrainierten Körper, Muskeln, einem straffen Bauch und besonderer Ausdauer auf das jeweils andere Geschlecht wissen. Und zum anderen, weil es ihnen nicht nur darum geht, andere zu beeindrucken, sondern auch mit sich selbst zufrieden zu sein. Zu viel Gewicht macht träge – und ein Single-Leben hat mit Trägheit nichts am Hut. Außerdem: Haben Sie schon mal gesehen, wie viele hübsche Menschen in so einem Fitnessstudio herumlaufen? Allein schon dafür lohnt sich das Trainieren!

Weil Singles keine Ausrede brauchen, wenn sie keine Lust auf Sex haben

An manchen Tagen hat man keine Lust auf Sex. Entweder weil es eine harte Woche war oder man Muskelkater vom Sport hat. Weil man eine Erkältung ausbrütet oder so müde ist, dass man im Stehen einschlafen könnte. In diesen Momenten würde man nicht mal hemmungslosen Sex haben wollen (und wahrscheinlich auch nicht können), wenn der heißeste Mann oder die schärfste Frau neben einem im Bett liegt. Egal, ob George Clooney, Brad Pitt oder Gisele Bündchen.

Wenn bei Paaren nun ausgerechnet an einem dieser Tage der Partner einen Verführungsversuch startet, könnte es problematisch werden. Denn der Satz »Ich habe heute keine Lust« klingt einfach nie gut, egal wie entschuldigend oder liebevoll man ihn ausspricht. Der andere gibt sich daran nämlich viel zu oft die Schuld und wird in eine Krise bezüglich seiner Attraktivität und sexuellen Begabung geworfen. Daher greifen Liierte meistens zu einer Ausrede. »Schatz, ich habe Migräne« ist dabei einer der häufigsten Sätze.

Singles dagegen müssen gar nicht fürchten, dass ausgerechnet an diesem Tag Sex auf dem Terminplan stehen könnte, denn sie haben es ja selbst in der Hand, wann jemand das Bett mit ihnen zum Beben bringt. Und wenn sie doch in die Verlegenheit kommen, dass ihnen am Abend ein unmoralisches Angebot gemacht wird, müssen sie nicht zu einer Migräne-Ausrede greifen, sondern können ganz einfach bei der Wahrheit bleiben und sagen: »Danach ist mir heute einfach nicht.« Und ja, vielleicht ist der andere danach sogar beleidigt und hinterfragt seine Attraktivität und sexuelle Begabung. Das ist natürlich nicht schön – aber zum Glück geht er dem Single damit nicht auf die Nerven.

Weil Singles bei der Frage »Wie viele hattest du schon?« nicht ehrlich sein müssen

Wer jemals »Dirty Dancing« gesehen hat, wird sich sicher noch an folgende Szene erinnern: Baby liegt (endlich!) mit ihrem heißen Tanzlehrer im Bett. Es läuft schnulzige Musik, sie liegt auf seiner Brust, er streichelt ihren Nacken. Und mitten ins Blaue hinein fragte Baby diesen heißen Typen, dem man schon ansieht, dass er so viele Kerben im Bettpfosten hat, dass man sich fragen könnte, warum das Bett nicht zusammenkracht: »Hattest du schon viele Frauen?« Wumms. Stille. Als Nächstes sieht man kurz Patrick Swayzes nackten Hintern durchs Bild huschen – vorbei ist es mit der postkoitalen Kuschelei von Baby und Johnny. Ja, das ist nur eine Filmszene, dennoch ist sie dem realen Leben durchaus ähnlich: Denn die Frage nach der sexuellen Vergangenheit des Single-Sexpartners sollte weder im Bett noch überhaupt gestellt werden.

Jeder von uns hat bereits ein paar sexuelle Erfahrungen gemacht, langjährige Singles wahrscheinlich sogar noch mehr als langjährige Paare, denn das Wort »Treue« existiert in ihrem Wortschatz nur gegenüber sich selbst, aber nicht gegenüber einer anderen Person und schon gar nicht in Sachen Sex. Falls es der Single also schon ziemlich wild getrieben hat (Hauptsache, er hat es dabei safe getrieben), muss er anderen Menschen nicht mal die harmlosesten Geschichten erzählen. Wahrheit und Ehrlichkeit sind Dinge, ohne die Partnerschaften nicht existieren können, Singles dagegen wägen in jeder zwischenmenschlichen Beziehung aufs Neue ab, wie viel Ehrlichkeit und welche Wahrheit die spezielle Situation erfordert. Meistens erspart ihnen die, nun ja, Interpretation der Wahrheit einen Haufen Ärger.

Bei der Frage »Wie viele hattest du schon?« kann man als Single mit Ehrlichkeit nur verlieren. Sind es zu viele, ist der andere geschockt und der eigene Ruf ruiniert. Sind es zu wenige, ist einem das Mitleid des anderen garantiert. Überlassen wir die Wahrheit in diesem Fall den Paaren!

Weil Singles Sexträume von anderen Personen haben

Wenn man daran denkt, wie es wohl wäre, einmal in seinem Leben Sex mit Prominenten wie Brad Pitt, George Clooney, und Angelina Jolie zu haben, – bedeutet das zwar nicht unbedingt, dass die Person, mit der man zur Zeit gerade Sex hat, es nicht draufhat oder einen nicht genügend anmacht. Trotzdem reagieren Beziehungsmenschen auf das Geständnis, dass man sich so was manchmal vorstellt, durchaus gereizt – manchmal sogar so gereizt, dass sie in Sex-Boykott treten. Noch heikler wird es nur, wenn man gesteht, dass man in seinen Träumen manchmal Sex hat mit jemandem, den man nicht nur aus dem Fernsehen kennt, sondern auch in der Realität. Mit dem Kollegen etwa, den man immer in der Kantine sieht, oder mit der Kassiererin aus dem Supermarkt um die Ecke. Dann ist das Theater riesig, deswegen kann man Liierten nur raten, dass sie immer vehement leugnen, dass es irgendjemanden gibt, den sie sich schon mal beim gemeinsamen Sex vorgestellt haben. Der Liierte schweigt und genießt seine Fantasie.

Beim Single ist das egal, denn im Zweifel hat er im Moment ohnehin mit niemandem Sex (diese Durststrecken gibt es ab und zu auch!), und wenn doch, dann ist er an diese Person nicht so emotional gebunden, dass er bei seinen Sexfantasien überhaupt ein schlechtes Gewissen hat. Im Gegenteil: Beim hemmungslosen und manchmal vollkommen oberflächlichen Single-Sex kann es sogar ein Teil des Vorspiels sein, sich die Fantasien (ja, auch die mit einem Prominenten!) zu erzählen. Denn der Single muss nicht fürchten, dass er danach aus dem Bett geschmissen wird, weil die Person beleidigt und eifersüchtig ist. Und wenn doch: Das ist weniger schlimm, als wenn man in einer Beziehung für die nächsten Tage oder Wochen auf die Couch umziehen muss ...

KAPITEL 4

Reden & Schweigen

Weil Singles dauernd neue spannende Geschichten hören

Manche Geschichten meiner Mitmenschen habe ich schon so oft gehört, dass ich sie wortgetreu mitsprechen könnte, wenn sie das nächste Mal erzählt werden. Da gibt es zum Beispiel diese Thailand-Geschichte meiner Freundin Kristin, die sie jedes Mal erzählt, wenn das Gespräch aufs Thema Urlaub kommt: Wie sie mal auf der Insel Koh Pha Ngan mitten in der Nacht nur um Haaresbreite einem grausamen Überfall entkommen ist, weil sie (und ihre weibliche Reisebegleitung) lautstark »Feuer« statt »Hilfe« gerufen haben. Den Part, dass es sich nur um ein paar besoffene Australier handelte, die im Drogenrausch die Bungalows durcheinandergebracht hatten und den von Kristin für ihren hielten, lässt sie dabei regelmäßig unter den Tisch fallen.

Diese olle Kamelle (die Thailandreise ist schon zwölf Jahre her) habe ich bestimmt schon fünfmal gehört – trotzdem würde ich ihr natürlich niemals sagen, wie sehr mich diese Geschichte langweilt, dafür liebe ich sie viel zu sehr. Aber weil ich oft Zeuge dieser doppelt bis dreifach zum Besten gegebenen Geschichte wurde, kann ich mir ungefähr vorstellen, wie sich Paare fühlen, die schon seit Jahrzehnten zusammen sind. Manche Geschichten hören die im Laufe der Jahre wahrscheinlich nicht fünfmal, sondern eher zwanzigmal.

Natürlich hört der Single zwangsläufig auch manche Geschichten immer und immer wieder, zumindest wenn man seinen Freundeskreis nicht häufiger wechselt als Paris Hilton ihre Haustiere. Aber für den Single gibt es einen guten Ausgleich: Schließlich lernt er auch regelmäßig neue Leute kennen – bei kleinen (oder großen) Flirts, aber durch seine offene Art auch Personen, die er zwar nicht anziehend, aber zumindest unterhaltsam findet. Der Vorteil daran: Diese neuen Bekannten erzählen gerade am Anfang eher jene Geschichten aus ihrem Leben, die spannend und unterhaltsam sind und sie selbst als höchstinteressante Personen darstellen. Eine öde Story über eine Teenager-Reise wird jedenfalls keiner gleich in den ersten zwei Stunden auspacken.

Vor Kurzem bin ich erst wieder spätabends bei dem Versuch, mich am Tresen vorzudrängeln, mit einem Mann ins Gespräch gekommen, der als Bühnenbauer bei verschiedenen Bands arbeitet. Nachdem er mir erst mal eine Standpauke wegen meines schlechten Benehmens gehalten hatte (»Ihr Blondinen denkt wohl, ihr könnt euch alles erlauben!«), die ich souverän weglächelte, erzählte er mir im Laufe des Gesprächs (Hotelzimmer-)Geschichten von deutschen Bands und ihren Groupies. Ich staunte, ich lachte, ich gähnte kein einziges Mal. Keine von diesen Geschichten kam mir bekannt vor, dafür fiel ich bei fast jeder vor Lachen vom Barhocker. Nur leider kann ich aus Angst vor einstweiligen Verfügungen auch keine von ihnen aufschreiben.

Weil Singles immer dieselben
Geschichten erzählen können

Es klingt ein bisschen ungerecht, aber so ist es nun mal: Singles hören ständig von neuen Leuten neue Geschichten, können dafür aber die eigenen absurden oder heldenhaften Geschichten, bei denen alle ihre Freunde schon vor Langeweile gähnen, jedes Mal aufs Neue anbringen. Der Single muss nur darüber nachdenken, welche seiner Geschichten er in dieser Situation am besten erzählt. Eine Geschichte, in der er es vor 13 Jahren mal mit seinem karibikgrünen Polo Fox auf einen Laternenpfahl geschafft hat, eignet sich jedenfalls nicht, wenn er sein Gegenüber dazu bewegen will, beim nächsten Date einen gemeinsamen Ausflug ans Meer zu machen.

Der Single hat ein festes Repertoire an tollen Geschichten, mit denen er neue Bekanntschaften beeindrucken kann, und bei denen die besten Freunde wahrscheinlich schon einschlafen, wenn sie nur den ersten Satz hören.

Zumindest habe ich den Eindruck, dass das passiert, wenn ich wieder die Geschichte zum Besten gebe, wie am Mittag meines 30. Geburtstags die Tür hinter mir ins Schloss fiel, als ich gerade putzte und den Müllsack dafür vorübergehend in den Hausflur stellen wollte. An sich war das ja noch nicht so schlimm, allerdings trug ich einen verwaschenen Schlafanzug mit Hello-Kitty vorne drauf und Hausschuhe in Tigertatzen-Design. So angezogen tigerte ich also durchs ganze Haus und klingelte auf der Suche nach einem Nachbarn, der zu Hause war, an jeder Tür. Um mit seinem Telefon meine Freundin mit dem Ersatzschlüssel im Büro zu verständigen. An der letzten Tür öffnete zum Glück ein Typ, dessen Telefon ich benutzen konnte. Ehe meine Freundin jedoch endlich mit dem Schlüssel vorbeikam, saß ich diesem beinahe fremden Menschen schon dreißig Minuten gegenüber und hatte mich in Grund und Boden geschämt. In diesem Moment, ich gebe es zu, habe ich es verflucht, Single zu sein.

Von meinen Freunden lacht mittlerweile keiner mehr über die Geschichte, die schmunzeln nicht mal mehr. Wenn ich sie jedoch – detailreich ausgeschmückt! – in einer Runde von fast Fremden erzähle, biegen die sich immer vor Lachen. Selbst wenn man also mal nichts Spannendes erlebt hat, kann man auch mit seinen alten Kamellen bei neuen Leuten noch einen gewissen Eindruck machen ...

Weil Singles die Stille genießen

Wenn andere erzählen, dass sie darüber nachdenken, eine Auszeit in einem Schweigekloster zu nehmen, weil sie der stete Lärmpegel nervt, kann der Single nur ungläubig den Kopf schütteln. Denn seine Wohnung gleicht einem Klassenraum während der Abiturprüfungen – und diese Stille bekommt der Single sogar täglich geschenkt.

Natürlich ist man auch als Single häufig Lärmquellen ausgesetzt, die einen stören. Zum Beispiel, wenn im Restaurant am Nebentisch ein lautstarkes, trotziges Kindes sitzt, das ein riesiges Theater macht, weil es kein Vanilleeis mit Schokoladensauce zum Nachtisch bekommt. Die dazugehörige Mutter brüllt noch gegen das Theater an, weil es dem Kind trotz der peinlichen Situation kein Eis kaufen will. Überall gibt es Telefone, die klingeln, und piepende SMS, die gelesen werden wollen. Im Büro sind es die Kollegen, die den neuesten Klatsch und Tratsch loswerden wollen und in aller Ausführlichkeit erzählen, wer was zu wem gesagt hat, was der geantwortet hat und was sie selbst darüber denken. Oder der Chef, der einem erzählt, in wie viel Schlägen er gestern den Golf-Court gemeistert hat.

Der Single kann diese anstrengenden und nervtötenden Gespräche und Geräusche mit stoischer Gelassenheit ertragen. Denn er weiß, dass es einen Ort gibt, ganz in der Nähe, an dem er dieser Kulisse entkommt: sein Zuhause. Da ist niemand, der schon beim Hereinkommen neugierig fragt, wie der Tag war. Und ob man seine Mutter angerufen hat und was man zum Abendessen haben möchte. Es ist keiner da, der unhörbare Musik hört oder ein Liedchen pfeift. Ein Single kann die Lautstärke in seiner Wohnung selbst steuern. Ob er sich vom Fernseher oder von

Mozart beschallen lassen will. Ob das Telefon ausgeschaltet ist oder klingelt. Ob er rangeht, wenn es die Mutter ist. Der Single genießt jeden Tag, wofür andere Menschen einen Haufen Geld und ein paar Urlaubstage opfern. Und wenn ihm die Stille irgendwann doch zu laut wird, dann greift er einfach zum Telefon und ruft jemanden an. Genügend Bekannte hat er ja schließlich.

Weil Singles diskutieren und nicht streiten

Es ist einer der wichtigsten Vorteile, den ein Single in seiner speziellen Lebensform genießt: Er muss sich niemals ernsthaft streiten. Denn es ist keiner da, mit dem er sich ständig wegen Lappalien (meistens) oder wirklich wichtigen Dingen (selten) in die Haare bekommt. In Beziehungsstreiten wird geheult, hysterisch gebrüllt, getobt. Manchmal fliegen Sachen durch die Luft oder einer von beiden stürmt wutentbrannt aus der Wohnung. Am schlimmsten ist es, wenn sich Paare in der Öffentlichkeit in die Haare kriegen, und das passiert leider gar nicht so selten. Manchmal könnte man denken, dass Paare erst dann so richtig zur Höchstform auflaufen, wenn sie eine Bühne für ihre dramatische Darstellung gefunden haben. Das heizt sie erst so richtig an, während die anderen eiskalt erwischt werden. Die Umstehenden gucken peinlich berührt auf den Boden und versuchen, sich möglichst unauffällig aus dem Staub zu machen. Denn die Gefahr, in den Streit der anderen auch noch hineingezogen und nach seiner Meinung gefragt zu werden, ist viel zu groß.

Ein Single streitet sich natürlich auch ab und an, keine Frage. Oder vielleicht sollte man besser korrigieren: Ein Single führt ab und zu auch mal eine Diskussion in einem scharfen Tonfall. Denn mit den meisten Menschen ist er gar nicht so emotional verbunden, dass es mit ihnen überhaupt zu einem schweren Streit kommen kann. Im Streit geht es ja meistens um verletzte Gefühle – und die Macht, die Gefühle eines Singles zu verletzen, haben nur eine Handvoll Personen. Seine Eltern vielleicht und ein paar sehr gute Freunde. Aber zu dem Rest der Leute hat der Single eine so lose Beziehung, dass er mit ihnen nur sachlich aneinandergeraten kann. Er ärgert sich vielleicht über einen überehrgeizigen Kollegen, der vor dem Chef so getan hat, als wäre die tolle (gemeinsame!) Idee zum neuen Projekt allein auf seinem Mist gewachsen. Den muss man natürlich mal zur Rede stellen. Oder es gibt Ärger mit dem Mann von der Mobilfunk-Hotline, der behauptet, dass die Kündigung leider einen Tag zu spät eingetroffen sei und sich der Vertrag deshalb um zwei Jahre verlängert habe. In so einer, äh, Diskussion wird vielleicht auch getobt. Aber es wird niemals geheult und erst recht nicht mit Sachen geworfen. Denn so groß ist der Streitwert in den meisten Fällen nicht einmal.

Weil Singles mit sich selbst reden

Bei »Selbstgesprächen« denkt jeder immer gleich an die, nun ja, leicht durchgeknallte Form, in der man in verschiedenen Stimmlagen einen Dialog mit sich selbst führt. Das tun Singles natürlich nicht, das wäre ja verrückt. Aber manchmal tut es auch einem Single ganz gut, wenn er von jemandem bestätigt wird – und wenn es auch nur er selbst ist.

Nehmen wir mal folgende Situation: Der Single streicht die Wände seiner Wohnung farbig. Er macht das selbst, nicht, weil er sich keinen Handwerker leisten kann, sondern weil das Streichen einer Wand einen therapeutischen Effekt hat. Denn nichts ist so beruhigend wie das stoische Auf-und-ab-Bewegen einer Farbrolle an einer Wand. Ist der Single nun damit fertig und sieht, dass die Farbe ungleichmäßig aufgetragen ist, dass sie in der einen Ecke nur ganz hell und in der anderen ganz dunkel ist, dann gerät er in eine typische Situation, in der er garantiert mit sich selbst reden wird. Er sagt dann nämlich so Sätze wie »Na, das hat du ja super hinbekommen« oder »Was ist das denn für eine Scheiße«. Im Grunde sagt er also genau das Gleiche, was auch ein Partner in dieser Situation zu ihm sagen würde. Nur ist es eben weniger schmerzhaft, wenn man diese Erkenntnis einfach selbst ausspricht.

Genauso funktioniert es übrigens im umgekehrten Fall: Wenn der Single die gestrichene Wand vollkommen gleichmäßig hinbekommen hat und höchst zufrieden ist, wird er sicher laut sagen: »Mann, sieht das gut aus.«

Einem Irrglauben sollten die Mitmenschen des Singles aber nicht aufliegen: Der Single redet nicht nur mit sich, weil er die Stille nicht ertragen kann. Vielmehr ist es so, dass manche Erkenntnisse oder Gefühle einfach laut gesagt werden müssen, damit sie mehr Eindruck machen. Und es ist am allerschönsten, dass dem Single in solchen Momenten niemand widersprechen kann.

Weil Singles sich nie unterhalten müssen

Manche Tage laufen so mies, dass man an ihrem Ende einfach nur seine Ruhe haben will. Man will nicht hören, wie mies der Tag der anderen war, und vor allem will man nicht hören, dass der Tag der anderen vielleicht viel besser (oder sogar noch mieser) war als der eigene. Man will auch nicht hören, dass das Patenkind jetzt »Mama« sagen kann, auch wenn man sein Patenkind über alles liebt. Man will nicht hören, dass der Freund der besten Freundin ein Arsch ist, weil ihm schon wieder nicht aufgefallen ist, dass sie beim Friseur war und die Haare jetzt ganz anders trägt. Man will eigentlich überhaupt nichts hören, von niemandem.

Das ist natürlich für Menschen, die eine Beziehung haben, relativ unmöglich, denn in den meisten Fällen wartet entweder jemand in der gemeinsamen Wohnung auf sie oder zumindest erwarten sie einen kleinen Anruf am Abend, in dem man sich dann darüber austauscht, was der Tag so für einen gebracht hat.

Der Single muss sich an miesen Tagen mit niemandem unterhalten. Nicht mit dem Nachbarn, den man im Treppenhaus trifft (ein kurz angebundenes Hallo zählt noch nicht als Unterhaltung), nicht mit den Leuten, die versuchen, ihn telefonisch zu erreichen, oder mit denen, den man eigentlich versprochen hat, sie anzurufen. Nicht mit der Person, mit der man vielleicht zusammenlebt (ein Mitbewohner kann nur erwarten, dass man pünktlich die Miete zahlt, aber nicht, dass man sich mit ihm unterhält, wenn man nicht will). Ein Single verbringt manchmal ganze Wochenenden damit, sich mit niemandem zu unterhalten, außer mit den Angestellten vom Lieferservice – und er genießt es. Und niemand wird deshalb jemals vorwurfsvoll zu ihm sagen: »Jetzt sag doch auch mal was.«

Weil Singles nie mit peinlichen Spitznamen gerufen werden

Irgendwas werden die Eltern sich ja dabei gedacht haben, dass sie einem einen bestimmten Namen gegeben haben – es sei denn natürlich, sie haben einen Chantal oder Kevin genannt, dann könnte man ihnen auch einfach nur einen ziemlich schlechten Geschmack unterstellen. Wie auch immer, nun ist man mit diesem Namen schon viele Jahre durchs Leben gegangen. Entweder glücklich, weil man den Namen mag. Oder unglücklich, weil man nicht versteht, warum die Eltern gerade diesen Namen ausgewählt haben, oder weil man heißt wie jeder Zweite in der Altersgruppe auch. Aber dann kann man in den meisten Fällen etwas dagegen tun und sich eine Variante überlegen, mit der man leben kann. Meistens wird so aus einer langweiligen und stark vertretenen Claudia plötzlich Claude, oder aus einem altmodischen Ulrich der lustige Uli.

Als Single hat man also im Griff, wie man sich nennen lassen will. Ob beim ganzen Namen oder einer Abkürzung oder bei einem Spitznamen, den man schon aus Schultagen hat (ich kenne da zum Beispiel jemanden, der auch noch mit 35 »Magnum« genannt wird, obwohl er seine Vorliebe für Hawaiihemden direkt nach der Pubertät ablegte). Das ist wieder mal ein großer Vorteil gegenüber Menschen, die in Beziehungen leben: In den meisten Fällen geben sie unfreiwillig ihren richtigen Namen ab und werden zu einem Schatz, einem Hasen, einem Purzel, einem Mäuschen oder einem Liebsten. Kein Mensch fragt sie, ob sie mit diesem Spitznamen überhaupt einverstanden sind, er wird ihnen einfach aufgedrückt, so wie es die Eltern damals schon bei ihrem Vornamen gemacht haben. Und nur in den seltensten Fällen kann man sich dagegen wehren, denn wer will den anderen schon vor den Kopf stoßen, indem man ihm sagt, dass man diesen Spitznamen indiskutabel findet?

Der Single dagegen kann einfach etwas sagen, wenn die Kollegen aus einer Angela eine »Äindschi« machen oder aus einem Christian einen »Chrischi«. Da gibt es keine Gefühle, auf die man Rücksicht nehmen muss, sondern nur den eigenen Ruf, der durch einen unpassenden Spitznamen gefährdet wird.

Weil Singles ein dickes Telefonbuch haben

Dass es Singles durch die offene Art, mit der sie durchs Leben gehen, leichter fällt, mit Fremden ins Gespräch zu kommen und neue Bekanntschaften zu schließen, konnte man ja im Kapitel »Flirten & Daten« schon lesen. Aber das hat auch für die Freizeitplanung von Singles einen großen Vorteil: Bei so vielen Bekannten findet er immer einen in seinem prall gefüllten Speicher des Telefons, der zur Stelle ist, wenn ihm nach Gesellschaft verlangt. Ganz egal, ob er nun einen Begleiter für einen sonntäglichen Spaziergang oder fürs Kino sucht. Ob er einen Rat braucht, wie er sich die Haare schneiden lassen soll, oder wie man die Steuererklärung richtig macht. Oder ob er einfach nur jemanden für einen kleinen Schnack bei Kaffee und Kuchen sucht. Der Single muss an einem Sonntag nicht allein sein, wenn er es nicht will. Er kann sich aussuchen, mit wem er die Zeit verbringt und wie.

Singles haben viele gute Freunde, aber sind ihrerseits auch als Freunde begehrt. Zum einen natürlich bei anderen Singles, weil man sich zu einer Schicksalsgemeinschaft zusammenschließen kann – man zieht gemeinsam am Samstagabend auf Flirttour durch die Stadt, man trifft sich zum Abendessen, wenn der Kühlschrank mal wieder leer ist, und feiert gemeinsam rauschende Silvester-Partys, wenn die befreundeten Paare dann nur einen Raclette-Abend mit Knallfröschen (damit Klein-Paul auch ein bisschen Spaß hat) veranstalten.

Zum anderen liegt auch bei Liierten der Marktwert eines Singles hoch, denn die Vorteile, mit Singles befreundet zu sein, liegen auch in diesem Fall auf der Hand: Singles sind die perfekten Entertainer, denn sie können bei jedem Treffen die besten Geschichten über ausschweifende Kneipennächte und verpatzte

Dates erzählen. Mit Singles kann man außerdem auch spontan etwas unternehmen, wenn man sich mit der besseren Hälfte gestritten hat, denn sie müssen ja nicht immer erst mit dem Partner absprechen, ob sie nach der Arbeit noch auf ein Bier in die Stammkneipe gehen können. Weil kein Partner darauf besteht, dass zwei Abende pro Woche für Beziehungsdinge reserviert sind, hat der Single natürlich auch mehr Zeit für seine Freundschaften. So kann er einerseits seine bestehenden Freundschaften pflegen und andererseits ein paar neue Freundschaften schließen – damit das Telefonbuch noch ein bisschen voller wird.

Weil Singles sagen können,
was sie wirklich gerade denken

Es gibt kaum eine anstrengendere Frage als »Woran denkst du gerade?«. Denn erstens will derjenige, der das fragt, eigentlich gar nicht wissen, was man wirklich denkt. Und zweitens ist das, was man darauf antwortet, sowieso immer falsch. Zumindest ist das so, wenn die Frage in Beziehungen gestellt wird.

Wenn der eine (in der Regel der Mann) gedankenverloren in die Ferne schaut, dann denkt oder vielmehr hofft der andere (in fast allen Fällen die Frau), dass er vielleicht gerade darüber sinniert, wie schön die beiden es doch zusammen haben, dass sie bald heiraten und ein paar niedliche Kinder zeugen sollten.

Problem: In der Regel denkt der Mann in diesem Augenblick entweder an gar nichts (ja, das geht!) oder an so etwas Unbedeutendes wie »Ich sollte meine Schuhe mal wieder putzen« oder »Komisch, dass Klose immer nur bei der Nationalmannschaft das Tor trifft«. Beides kann er der Frau aber nicht sagen: Sie würde ihm nie glauben, dass man manchmal einfach an gar nichts denken kann, und vermuten, dass das nur eine Ausrede ist, weil er gerade an etwas gedacht hat, das sie nicht hören möchte. Zum Beispiel »Mann, hat die Kellnerin dicke Dinger« oder »Wenn meine Freundin weiter so viel Torte futtert, platzt sie irgendwann«. Und wenn er sagt, woran er wirklich gedacht hat, nämlich an die Schuhe oder Miro Klose, ist sie beleidigt, weil er an so unwichtige Dinge in einer so romantischen Situation denkt. Es ist also sowieso egal, was man auf diese Frage antwortet – es ist das Falsche.

Singles bekommen diese Frage so gut wie nie gestellt, denn wer interessiert sich abseits einer politischen oder sonstig angeregten Diskussion schon dafür, was er wirklich denkt?! Wenn ihn doch mal jemand fragt, dann muss der Single seine Antworten nicht so diplomatisch abwägen wie bei Friedensgesprächen im Nahen Osten. Denn derjenige, der ihn fragt, interessiert sich wirklich dafür, was der Single neben ihm an Tisch gerade denkt, und will nicht nur gesagt bekommen, was er als Antwort gern hören würde. Deshalb kann der Single auch einfach antworten »Ich denke darüber nach, dass ich meine Schuhe mal wieder putzen muss« oder »Klose macht im nächsten Länderspiel garantiert wieder ein Tor«. Und das Beste daran ist: Sein Gegenüber wird ihm in der Regel zustimmen – und keine beleidigte Schnute ziehen!

Weil Singles allen Geräuschen freien Lauf lassen können

Eine Leserin meiner Kolumne ist meiner Bitte, mir doch zu schreiben, was ihre größten Vorteile am Single-Leben sind, nachgekommen und hat mir eine Mail geschrieben, bei der ich erst ein wenig irritiert war – und dann doch ziemlich geschmunzelt habe. »Liebe Angie«, schrieb sie, »auch auf die Gefahr hin, dass du mich jetzt für einen ziemlichen Freak hältst, aber es gibt neben vielen guten Gründen, Single zu sein, auch ein paar widerliche: Man kann manchmal ganz laut rülpsen. Und man kann auch mal pupsen.«

Stimmt, ich dachte wirklich im ersten Moment, dass das ziemlich eklig ist (und tue es bei der Vorstellung auch immer noch), aber irgendwie hat sie ja auch recht. Als Nicht-Single bemüht man sich immer, den anderen nicht mit der bitteren Wahrheit der eigenen Körpergeräusche (und seien sie auch noch so harmlos) zu konfrontieren. Heißt: Gerülpst (und auch das andere Genannte) wird nicht in Gesellschaft, es sei denn, man steckt mitten in der Pubertät. Aber man versucht auch noch ganz andere, weniger widerliche Geräusche zu unterdrücken. Wenn man zum Beispiel eine leichte Erkältung hat, unterdrückt man als Beziehungsmensch nachts jedes kleine Anzeichen von Husten oder Niesen und auch die Nase putzt man nur, wenn es gar nicht anders geht. Denn das sind alles Geräusche, die den anderen, der friedlich neben einem schlummert, ganz bestimmt aufwecken. Und wenn der Beziehungsmensch so verschnupft ist, dass er die Geräusche nicht im Griff hat, dann kommt es auch mal vor, dass die beiden in getrennten Zimmern schlafen. Und dann genießt der Verschnupfte sein kurzfristiges Dasein als (Schlaf-)Single und lebt all die Geräusche aus, die er sonst nicht zulassen kann. Ja, vielleicht sogar die ekligen (Pfui!).

Weil Singles sich nie für das schämen, was andere sagen

Jeder kennt diese Momente, in denen man am liebsten im Boden versinken möchte, weil eine Person, die einem nahesteht, ja, mit der man vielleicht sogar zusammenlebt, etwas total Dämliches oder Unangebrachtes sagt oder tut. Weil sie eine dumme Marotte hat, über die andere sich belustigen, einen Wortwitz, über den leider niemand lacht, oder einfach nur schlechtes Benehmen.

Zum Beispiel damals, als man mit dem anderen zusammen im Theater war und er das Treiben auf der Bühne so langweilig fand, dass er lieber ständig in seine Tasche gegriffen und die Gummibärchen aufgefuttert hat, die darin versteckt waren. Leider knisterte die Tüte dabei so laut, dass die Leute auf den umliegenden Plätzen sich umdrehten und bitterböse Blicke warfen. Oder vielleicht ging man auch mit seiner Freundin gemeinsam auf die Party einer Arbeitskollegin und die trank dort so viel Sekt, dass sie erst Geschichten erzählte, die eigentlich niemand erfahren sollte, dann durch den Raum schwankte und zum Schluss dem eher zugeknöpften Chef einen feuchten Abschiedskuss auf die Wange drückte.

In diesen Momenten schämt man sich. Natürlich vor allem dafür, dass der Partner oder die Partnerin sich so peinlich benommen hat. Aber auch (obwohl man rein gar nichts dafür kann), für sich selbst. Weil die anderen sich bestimmt fragen, wie man mit so einer Schnapsdrossel oder so einem Kulturbanausen zusammen sein kann.

Dem Single wird das niemals passieren. Denn entweder geht er allein auf die Party der Arbeitskollegin (meistens versucht er das jedoch zu vermeiden, denn sonst wird ihn in Zukunft das ganze Büro mit der Sekretärin aus dem Controlling zu verkuppeln versuchen) oder er nimmt jemanden als Begleitung mit, von dem er sich sicher ist, dass er sich so einer Veranstaltung entsprechend benehmen wird. Niemals würde er jemanden mitnehmen, von dem er weiß, dass dieser sein Trinkverhalten etwas schwer kontrollieren kann.

Natürlich kann es Singles auch mal passieren, dass sie mit einem Date in einem Theater sitzen und dieses Date mit der Tüte knistert. Und das stört Singles wahrscheinlich genauso wie die Personen auf den Plätzen daneben. Aber der Single reagiert nicht mit Scham (dafür steht der andere ihm gar nicht nahe genug), sondern mit einem anderen Gefühl: Er ist einfach nur genervt. Und beschließt noch im selben Moment, dass er den anderen nicht wieder treffen wird.

KAPITEL 5

Freunde,
Familie & Feste

Weil Singles keine Schwiegereltern haben

Freunde kann man sich aussuchen, Familie nicht – diesen alten Spruch hat jeder von uns schon einmal gehört – und vielleicht auch schon das ein oder andere Mal selbst ausgesprochen. Dieselbe Regel gilt auch in einer Partnerschaft: Den Partner kann man sich zwar aussuchen – aber leider nicht seine (manchmal bucklige) Verwandtschaft. Die kriegt man einfach obendrauf, und die Chancen stehen etwa 50:50, dass man mit der zumindest einigermaßen warm wird. Ja, vielleicht hat man Glück und die Mischpoke des Partners ist total super. Der Vater interessiert sich für Fußball und hat vor dem Haus dieselbe Vereinsfahne gehisst wie man selbst, die Mutter backt die besten Schokoladenkekse der Welt und schickt einem monatlich ein Paket davon, aber ansonsten lassen die beiden einen weitestgehend in Ruhe mit indiskreten Fragen, guten Ratschlägen und anderen nervtötenden Dingen.

Es gibt jedoch leider auch den anderen Fall (und das ist der Punkt, an dem es wieder definitiv besser ist, Single zu sein): Die Person, die man liebt, hat eine ganz und gar unerträgliche Familie. Die Eltern stehen jeden zweiten Sonntagnachmittag unangemeldet vor der Tür, sie verschenken zu Weihnachten immer selbst gestrickte Socken und fragen stets, wann man endlich mit der Familienplanung loslegen möchte. Hätte man Freunde, die so unverschämt sind, hätte man sie wahrscheinlich schon längst aussortiert. Aber wenn man durch Hochzeit und Blut mit diesen Menschen verwandt ist, trennt man sich nicht, sondern akzeptiert deren unerträgliches Verhalten zähneknirschend.

Als Single hat man ja schon genug mit seiner eigenen Familie zu tun, und auch in der gibt es das ein oder andere schwarze

Schaf. Man hat vielleicht einen entfernten Cousin, den man am liebsten verleugnen möchte, weil er mal bei »Das Supertalent« mit einer fragwürdigen Performance aufgetreten ist. Und natürlich ist es auch total nervig, dass man bei jedem Familienfest von den Tanten vom Dorf gefragt wird, ob man denn immer noch mitten in der Großstadt wohnen würde, bei all dem Lärm und Schmutz. In diesen Momenten ist der Single total genervt. Dabei sollte er nur milde lächeln: Wenn er einen Partner hätte, müsste er solche Fragen, Tipps, Feststellungen, Kommentare und Feste gleich in doppelter Ausführung ertragen ...

Weil Singles viel Zeit für ihre Freunde haben

Nicht-Singles sind mit ihrer Beziehung zeitlich viel zu sehr eingespannt, um sich so um alle Freunde zu kümmern, wie sie es in der Regel verdient haben und wie es der Single meistens macht. In den ersten drei Monaten ihrer frischen Liebe sind Beziehungsmenschen sogar meistens ganz und gar von der Bildfläche verschwunden, das kennt der Single schon. Sobald einer seiner Freunde sich verknallt, rechnet er nicht mehr mit einem Anruf, einem Treffen, einer SMS oder irgendeinem Interesse. Zumindest nicht in der Zeit, in der das Bett der Frischverliebten nur für Essen oder Arbeit verlassen wird. Sind diese ersten Wochen vorüber, sollte man eigentlich denken, dass auch das Interesse an anderen Dingen dieser Erde langsam wieder steigt (Wetter, Wirtschaft, Fußball, ja, auch Freunde) und man sich um Letztgenannte wieder bemüht (die sich ja so verständnisvoll gezeigt haben in den letzten Monaten). Doch weit gefehlt: Menschen in einer Beziehung haben einfach nicht mehr so viel Zeit wie vorher und müssen diese auch noch zwischen mehreren Personen aufteilen. Kein Wunder, dass da irgendein Freund aus Mangel an Zeit über Bord geht.

Der Single hat zwar Verständnis für frisch verknallte Paare, würde aber selbst nie seine Freunde vernachlässigen. Er weiß, welche Bedeutung ihnen in seinem Leben zukommt: Sie sind da, wenn er jemanden zum Reden braucht. Sie gehen für ihn zur Apotheke, wenn er so krank ist, dass er das Bett nur so gebeugt wie der Glöckner von Notre Dame verlassen kann. Sie sagen ihm ehrlich, wie sie sein Outfit finden, gehen am Samstagnachmittag mit ihm zum Fußball und am Sonntagnachmittag mit ihm spazieren. Deswegen nimmt der Single sich immer Zeit für seine

Freunde, auch wenn sie ihn mitten in der Nacht aus dem Tief-schlaf klingeln. Er ruft sie regelmäßig an, und wenn er dafür mal keine Zeit hat, schickt er zumindest eine SMS, in der er schreibt, dass er gerade keine Zeit hat, aber hofft, dass es dem anderen gut geht. Er macht das alles, weil er seine Freunde liebt – und weil er weiß, dass sie vielleicht für immer bei ihm bleiben. Was man von einem Partner ja nun wirklich nicht behaupten kann.

Grund Nr. 48

Weil Singles andere Single-Freunde haben

Auch wenn sie ihre Freunde selbst nicht vernachlässigen, haben Singles schon schlechte Erfahrungen mit Nicht-Singles gemacht. Die Nicht-Singles vernachlässigen ihre Single-Freunde natürlich nicht böswillig oder bewusst, nein, vielmehr ist es so, dass sie durch ihre Beziehung plötzlich weniger Zeit haben. Das versteht der Single und gönnt es dem Frischverliebten auch, trotzdem leidet er darunter. Denn der Single hadert oft nur deshalb nicht mit seinem Beziehungsstatus, weil er niemals allein sein muss, sondern einen großen Freundeskreis hat, an den er sich jederzeit wenden kann. Er muss nicht allein vor dem Fernseher sitzen, wenn er nicht will, sondern findet immer jemanden, mit dem er gemeinsam schweigen und fernsehen kann. Dieses enge soziale Netz bekommt ganz schön große Löcher, wenn nun plötzlich seine frischverliebten Freunde kaum noch Zeit für ihn haben.

Natürlich schreibt ein Single seine Freundschaften mit Nicht-Singles deshalb nicht gleich ab, so leicht macht er es sich nicht. Aber meistens kühlen sie dadurch automatisch ab, denn die Interessen und Lebensweisen von Single und Nicht-Single driften nun mal auseinander: Der eine brät sich und seinem Liebsten abends ein schönes Steak zu Hause, während der andere auf der Suche nach Frischfleisch durch die Bars der Stadt zieht. Zum Glück vereinsamt der Single trotzdem nicht, auch wenn es ihm um die etwas abgekühlte Freundschaft leid tut. Denn er weiß sich zu helfen: Er intensiviert die Freundschaften mit anderen Singles oder knüpft auch ein paar neue. Im Büro zum Beispiel gibt es doch diese nette Angestellte, auch Single, aus der Buchhaltung, die man schon einmal zufällig auf einer Party getroffen und mit der man sich dort so gut amüsiert hat. Und im Tennisclub ist doch dieser nette geschiedene Familienvater, der genauso gern wie man selbst zu Karnevalhits (mit Bier in der Hand) schunkelt.

Der Vorteil daran, sich mit anderen Singles zusammenzutun, ist, dass man die Lieben und Leiden des anderen versteht – und sich in den meisten Fällen sogar gegenseitig helfen kann. Man hat an Ausgeh-Abenden dasselbe Ziel: flirten, feiern, vielleicht sogar mit einem anderen Menschen zu schlafen, aber nicht neben ihm aufzuwachen. Man hat an einem Sonntag denselben Blues und geht dann gemeinsam durch den Tierpark, guckt sich niedliche Tier- und schreiende Menschenbabys an und ist zusammen froh darüber, dass man davon noch verschont ist (von den schreienden Menschenbabys). Man fährt gemeinsam in den Urlaub, steht nebeneinander auf dem Laufband im Fitnessstudio, meldet sich aus Spaß bei einer Online-Flirtbörse an. Der Single-Freund ist für den Single der zuverlässigste Lebenspartner, den er haben kann, nur eben ohne Sex. Aber wahrscheinlich auch nur so lange, bis er sich mal wieder frisch verliebt.

Weil Singles entspannt Weihnachten feiern

Früher, als ich noch eine Beziehung hatte (also gefühlt in einem anderen Leben), hatten mein Freund und ich gewisse Rituale. Eines davon war, dass wir jedes Jahr vor Weihnachten zusammen »Der Grinch« geguckt haben. Der Grinch ist ein haariges, grünes Wesen (gespielt von Jim Carrey), das Weihnachten hasst und in der Vorweihnachtszeit notorisch schlechte Laune hat. Ich bin zwar nicht haarig und grün, und ich würde auch nicht unbedingt sagen, dass ich Weihnachten hasse, aber ich verfalle im Dezember auch nicht gerade in Jubelstimmung. Mein Freund fand die Ähnlichkeit zwischen dem Grinch und mir trotzdem frappierend, was mich zwar beleidigte, aber letztlich nicht der Grund war, warum wir uns trennten.

Auch wenn das schon Jahre her ist, hat sich meine Haltung bisher kaum geändert: Ich komme immer noch schwer in Weihnachtsstimmung und versuche eher, das Fest einigermaßen stressfrei zu überstehen – was mir als Single besser gelingt als noch vor Jahren mit Anhang. Ich dekoriere meine Wohnung weder mit Tannenzapfen noch mit Elchen oder anderem Schnickschnack (das führte schon zu handfesten Diskussionen mit einigen meiner Bekannten, die gar nicht genug Dekoration in ihren Häusern haben können). Ich mache mir immer erst zwei Tage vor Weihnachten Gedanken, was ich wem schenke (was immer dazu führt, dass ich nie das bekomme, was ich eigentlich suche). Und ich verschicke keine einzige Weihnachtskarte.

Man könnte nun denken, dass ich Weihnachten sicher nur verweigere, weil ich niemanden habe, den ich unterm Mistelzweig küssen kann – aber so ist es nicht, gar nicht. Als Single hat man wirklich viel weniger Stress an Weihnachten! Ich muss mir kein

lauschiges Nest bauen, in dem meine Lieben und ich in Weihnachtsstimmung kommen. Ich muss mir für Geschenke nicht die
Füße wund laufen. Ich muss auch nicht gute Miene zum falschen
Geschenk machen, wenn Schatzi mir wieder einen riesigen Flakon
von einem Parfüm schenkt, das ich schon seit anderthalb Jahren
nicht mehr riechen kann, ohne einen Niesanfall zu bekommen,
und deshalb natürlich auch nicht mehr benutze. Als Single hat
man an Weihnachten keinen Termindruck, man fährt einfach
zu seiner Familie und bleibt dort so lange, bis man genug hat
von Gänsekeulen und Rommëspielen mit Oma Erna. Dann kehrt
man zurück in seine weihnachtsfreie Single-Wohnung, in der es so
schön still ist. Wäre man dagegen mit jemandem zusammen, so
richtig ernsthaft, gäbe es plötzlich zwei Enten und zwei Familien,
die besucht werden müssten. Viel zu viel für einen Grinch wie
mich.

Grund Nr. 50

Weil Singles keine
»ganz besonderen« Geschenke brauchen

Jedes Jahr haben Nicht-Singles an mindestens zwei Terminen richtig Einkaufsstress: vor Weihnachten und vor dem Geburtstag des Partners. Denn jedes Jahr raubt ihnen die Suche nach dem perfekten Geschenk den allerletzten Nerv. Natürlich könnten sie es sich leicht machen und den anderen einfach fragen, was er sich wünscht. Aber dann hätten sie zwar das perfekte Geschenk und trotzdem viel Stress an den Hacken: Denn auch wenn man dem Partner mit dem vorhersehbaren Geschenk vielleicht einen großen Wunsch erfüllt, weil er immer schon eine Playstation, eine Gartenliege, Segelschuhe, Perlenohrringe oder ein iPhone haben wollte – eigentlich erwartet er, dass man ihn auch noch mit etwas Persönlichem überrascht. Zumindest, wenn der Partner in diesem Fall die Frau ist. Ein Mann erwartet dagegen eigentlich gar kein »ganz besonderes Geschenk«, nur will die Frau aus reinem Ehrgeiz trotzdem eines für ihn finden. Frauen haben sogar meistens eine Idee, was sie ihrem Liebsten außer der Playstation noch schenken können, sind am Ende aber meistens auch beleidigt, weil er nicht zu würdigen weiß, was sie sich für Gedanken und Mühe gemacht habe, das besondere Geschenk zu finden. Und Männern fehlt in den meisten Fällen leider entweder der Antrieb, sich noch etwas »Persönliches« für ihre Partnerin auszudenken, oder die Fantasie, was dann schnell zur Enttäuschung unterm Weihnachtsbaum führen kann.

Der Single hat diese Sorgen nicht. Er muss zwar auch ein paar liebe Menschen mit tollen Geschenken versorgen (seine besten Freunde, seine Eltern, die niedlichen Patenkinder), aber keiner von denen erwartet, dass er etwas bastelt oder sich etwas unfassbar Kreatives überlegt. Denn diesen Menschen reicht es oft, wenn sie genau das bekommen, was sie sich auch gewünscht haben. Und auch wenn sie sich eigentlich gar nichts gewünscht haben, erspart der Single sich eine lange Suche und schenkt ihnen einfach einen Gutschein ihres Lieblingsladens oder -restaurants – ohne schlechtes Gewissen! So kann er sich sicher sein, dass die Beschenkten sich jedenfalls genau das kaufen können, was ihnen gefällt. Erfüllt doch seinen Zweck.

Weil Singles selbst bestimmen, was sie anziehen

Passt ein brauner Anzug zu einem schwarzen Kleid? Beißt sich ihre karierte Bluse mit seinem gestreiften Sakko? Kann sie das überhaupt anziehen oder sieht sie damit neben ihm aus wie eine geplatzte Wundertüte? Diese Fragen kann der Single ignorieren wie der FC Bayern München die unteren Tabellenplätze, wenn er sich abends zum Ausgehen, für eine Veranstaltung oder eine Feier aufbrezelt. Natürlich hält er sich an den vorgegebenen Dresscode, aber das ist auch schon seine einzige Maßgabe, nach dem Outfit irgendwelcher anderen Menschen muss er sich jedenfalls nicht richten. Der Single zieht einfach genau das an, was er möchte: sein Lieblingskleid, sein neues Kleid, das Kleid der besten Freundin, das man sich extra dafür geliehen hat. Einen cognacfarbenen Cordanzug (ja richtig, Cord!), einen Smoking oder einfach nur Jeans mit Sakko und dazu Turnschuhe (der Olli-Geissen-Look also). Als Single muss man mit niemandem abstimmen, ob das gewählte Outfit auch zu dem passt, was der andere tragen möchte. Ob sich die Farbe ihres Kleides zumindest in seiner Krawatte wiederfindet oder ob ihr Kleid einen Hauch zu sexy ist, wenn er neben ihr in seinem Anzug aussieht wie ein Bankangestellter kurz vor Renteneintritt (und der Anzug in Wirklichkeit auch beinahe genauso alt ist). Dem Single ist es vollkommen egal, was andere über das Kleid oder den Anzug denken, Hauptsache, es gefällt ihm selbst.

Das geht natürlich nicht, wenn man zu zweit auf eine, sagen wir mal, Hochzeit geht, dann muss man zwangsläufig ein Arrangement in puncto Outfit finden. Denn wo man als Paar aufläuft, will man ja auch den Eindruck erwecken, dass man zusammenpasst. Jedenfalls optisch – deswegen stimmen Paare ihr

Outfit auch stets aufeinander ab. Da kann es schon mal passieren, dass die Frau zwei Stunden vor der Hochzeit doch noch mal das bunt gemusterte (Lieblings-)Kleid auszieht und gegen das schlicht roséfarbene tauscht, weil das bunte in Kombination mit seinem gestreiften Anzug aussieht, als befände man sich auf einem LSD-Trip. Sorgen, die der Single einfach nicht kennt – auch wenn er sehr wohl schon selbst erlebt hat, dass man nicht weiß, was man anziehen soll ...

Weil Singles im Taxi nach Hause fahren

Wenn der Single abends feiern geht, lässt er sich oft von den Geschehnissen des Abends treiben und hat keinen Plan im Hinterkopf. Er weiß zwar, wo der Abend startet, aber er weiß nicht, wie (und vor allem wo und wie lange) er weitergeht. Ganz sicher weiß er auch nicht, wie, wo und wann er endet – und erst recht nicht, in welchem alkoholgetränkten Zustand der Single sich dann befindet.

Manchmal kann es sogar vorkommen, dass der Single eigentlich gar nicht richtig in Feierlaune ist und sich voller guter Vorsätze mit seinem Auto auf den Weg macht – und damit eigentlich impliziert, dass der Abend weder wild noch besonders alkoholisch wird, schließlich fährt er ja. Allerdings – und das unterscheidet den Single wieder vom Nicht-Single – entscheidet sich der Single manchmal auch noch auf halbem Weg durch den Abend, seine Pläne und guten Vorsätze zu vergessen und das Auto an Ort und Stelle stehenzulassen. Denn nur, weil das Auto draußen parkt, quält sich der Single nicht mit angezogener Handbremse durch die Nacht, wenn er eigentlich Lust auf Gasgeben hat. Vielmehr packt er den Autoschlüssel nach ganz unten in die Tasche und bestellt sich erst mal einen kräftigen Drink. Nach Hause kommt er dann eben mit dem Taxi und holt das Auto am nächsten Tag ab.

Theoretisch könnten das natürlich auch Nicht-Singles so halten, sie tun es aber meistens nicht. Denn sobald sie Pläne für den Abend haben, werden im Normalfall auch vorher wirklich Pläne geschmiedet. Und eine von den Fragen, die schon im Vorfeld geklärt werden müssen, ist: »Wie bewegen wir uns denn heute Abend?« Übersetzt bedeutet die Frage übrigens nichts anderes als: »Fährst du heute oder bin ich schon wieder dran?«

Dass überhaupt einer von beiden fahren muss, ist insofern von Nachteil, weil man davon ausgehen kann, dass der eine (der Beifahrer) mehr Spaß hat als der andere (der Fahrer). Und dass der Fahrer am Ende für beide bestimmt, wann der Abend endet: nämlich dann, wenn er keine Lust mehr hat und nach Hause fahren möchte. Natürlich könnte der Beifahrer jetzt sagen »Fahr schon mal vor, ich nehme mir später ein Taxi«, aber meistens wird er das aus Loyalität (oder Angst vor Streit) eben doch nicht tun.

Weil Singles ungestört Mädels- oder Männerabende veranstalten

Frauen- und Männerabende sind theoretisch zwar von ihrer Ausgangslage gleich, doch was sich an diesen speziellen Abenden abspielt, kann man kaum miteinander vergleichen. Frauen sitzen zusammen auf der Couch, trinken Prosecco mit einem Spritzer Aperol, hören Musik, bei der sie mitsingen können, und sprechen über Männer. Bei Männerabenden sitzen die Jungs zwar auch auf der Couch, aber sie haben dabei die Fernbedienung der Playstation in der einen Hand und eine Flasche Bier in der anderen. Geredet wird natürlich auch, aber auf keinen Fall über Frauen, erst recht nicht über eventuelle Probleme mit einer ganz speziellen, sondern eher über die Frage, warum die Toten Hosen besser sind als die Ärzte. Doch so unterschiedlich auch die Abläufe dieser Treffen sind, die Regeln sind dieselben: Den Partner oder die Partnerin mitzubringen, ja, ihn auch nur in der Nähe zu wissen, ist absolut tabu. Denn ein Vertreter des anderen Geschlechts würde erstens sowieso nicht verstehen, was die da gerade machen (und dass das Spaß macht), und zweitens würde dessen Anwesenheit nur dazu führen, dass die anderen Gäste sich nicht richtig entspannen können.

Wenn also ein Beziehungsmensch seine Freunde zu einem Männer- beziehungsweise Mädelsabend einlädt, muss er dafür sorgen, dass sich sein Partner nicht in der Wohnung befindet. In der Regel klappt das auch, zumindest kann er Schatzi für ein paar Stunden aus der Wohnung komplimentieren. Doch meistens regt sich bei dem dann auch von Stunde zu Stunde mehr die Neugier, wie wohl so ein typischer Männer- oder Mädelsabend abläuft – und er oder sie kehrt viel früher als erwartet nach Hause zurück. Dann steht er plötzlich in der Tür, wenn die Frauen gerade darüber sprechen, warum der Freund von Freundin X beim Sex immer so merkwürdige Geräusche macht. Oder sie, wenn die Männer einen Wer-kann-am-lautesten-rülpsen-Wettbewerb am Laufen haben: Die Stimmung ist auf jeden Fall dahin, denn alle fühlen sich ertappt und peinlich berührt.

Deshalb werden die Mädels- und Männerabende auch vorzugsweise beim Single veranstaltet. Denn da ist die Gefahr, von einem Partner beziehungsweise seiner Neugier und den unqualifizierten Sprüchen gestört zu werden, sehr gering. Beim Single zu Hause kann man zu peinlichen Liedern wie »Ibiza« oder »Stop in the Name of Love« durch die Wohnung tanzen – und tänzelt dabei niemandem über den Weg. Und in der Männer-Single-Wohnung kann Mann auch im Stehen pinkeln, weil keine Frau sich davor ekelt. Höchstens vielleicht die Putzfrau.

Weil Singles an Silvester rocken, statt Raclette zu essen

Viele Singles haben nahezu panische Angst vor Silvester, weil sie denken, dass dieser Abend einer der wenigen Tage im Jahr ist, an denen sie Paaren gegenüber besonders benachteiligt sind. Denn Paare feiern Silvester auf jeden Fall zusammen, notfalls auch allein zu Hause. Sie liegen sich um Mitternacht im Arm und knutschen, denn dazu sind sie ja quasi per (Beziehungs-) Gesetz verpflichtet. Der Single dagegen fürchtet, dass das Einzige, woran er sich um Mitternacht klammert, eine Magnum-Flasche Champagner ist – aus der er einen riesigen Schluck nach dem anderen nimmt, weil er sich so einsam fühlt zwischen all den knutschenden Paaren –, im schlimmsten Fall in einem Ferienhaus in Dänemark, in das er leichtsinnigerweise mitgefahren ist.

Dabei kann er sich mit den richtigen Vorbereitungen ganz leicht vor einem zünftigen Silvester-Blues bewahren. Erstens versteht es sich natürlich von selbst, dass der Single dafür sorgt, nicht ausschließlich mit Pärchen – und erst recht nicht in einem Ferienhaus in Dänemark – zu feiern. Im Gegenteil: Er muss dafür sorgen, dass er mit möglichst vielen anderen Singles eine turbulente Silvester-Party feiert. Denn die Ausgangssituation des Singles ist doch vielversprechend, zumindest vielversprechender als bei Paaren: Während die in der Regel mit anderen Paaren zusammen Raclette essen, bei gedämpfter Musik, weil endlich, endlich die Kinder im Nebenraum nach viel Geschrei eingeschlafen sind, wird bei der Single-Feier die Musik aufgedreht und der Alkohol kräftig ausgeschenkt. Während bei Pärchen meistens Bleigießen zu einem der Höhepunkte des Abends gehört (dicht gefolgt vom jährlichen »Dinner for One«-Gucken), feiert der Single eine »Arschloch muss weg«-Party (das mache ich zumindest immer): Man schreibt die Namen von Personen, die man nicht mit ins neue Jahr nehmen möchte, auf einen Zettel. Diesen Zettel verbrennt man in einem Aschenbecher und stößt mit Hochprozentigem und den anderen Partygästen darauf an. Und wenn die Pärchen um halb eins langsam müde werden oder nach Hause müssen, weil das Kind im Nebenzimmer sich gar nicht mehr beruhigen kann, geht die Party für den Single doch erst richtig los: Er kann so lange das neue Jahr befeiern und begießen, bis es hell wird, und keinen stört es. Meistens kommt er erst dann nach Hause, wenn sich manche Paare schon wieder auf den obligatorischen Neujahrsspaziergang machen. Wovor (außer vor dem Kater) sollte man sich bei einem Single-Silvester also fürchten?

Weil Singles die besten Paten sind

Wenn ein kinderloser Single die Patenschaft für ein Kind aus dem Familien- oder Freundeskreis übernimmt, hat das sowohl für das Kind wie auch für den Erwachsenen eigentlich nur Vorteile. Das Kind zum Beispiel wird von seinem kinderlosen Single-Paten über alle Maßen verwöhnt – finanziell wie auch zeitlich. Eine Benjamin-Blümchen-DVD, ein Besuch in einem teuren Tier- oder Vergnügungspark, das rosarote Fahrrad oder ein eigens für den oder die Kleinen eingerichtetes Konto, auf dem der Pate schon für den Führerschein spart – kein Geschenk, keine kleine Aufmerksamkeit, ja, nichts ist ihm zu teuer, wenn er dafür von seinem Patenkind vergöttert wird. Und er kann es sich ja meistens auch leisten, schließlich hat er (zumindest noch!) kein eigenes Kind, für das er aufs Studium oder den Führerschein sparen muss. Kein Wunder also, dass sich das Patenkind immer wie Bolle freut, wenn der Single zu Besuch kommt. Und für Besuche hat der Single-Pate ja auch viel Zeit: Also baut er Legotürme oder Höhlen mit dem Kleinen, zieht die Barbie an, aus, und dann wieder an. Er guckt sich das Video vom ersten Schritt und allerersten Wort an, immer und immer wieder, und ist garantiert beim ersten Schultag dabei. Hätte er ein eigenes Kind, wäre das Interesse daran, seien wir mal ehrlich, etwas geringer. Das Kind freut's auf jeden Fall.

Aber auch der Single genießt mit seinem Patenkind viele Vorteile: Wenn er sich im Grunde selbst ein Kind wünscht, irgendwann, und notfalls auch allein, dann ist das Patenkind ein super Trainingsparcours für den späteren Elternteil. Er findet heraus, ob er Windeln wechseln kann, ohne dass er sich dabei übergeben muss. Ob er vor Stress so rot wird wie Uli Hoeneß bei einem seiner berühmten Wutanfälle, wenn das Kind schreit und schreit und einfach nicht aufhören will. Aber er erlebt eben auch das High, das man bekommt, wenn ein kleines Kind einen fröhlich anstrahlt und in den Arm genommen werden möchte, das besser ist als jede Droge dieser Welt (habe ich gehört).

Nach ein paar Jahren als Pate weiß der Single ganz genau, wohin seine eigene Kinder-Reise eigentlich geht: Aber der Vorteil daran, erst mal nur der Pate zu sein, ist, dass man das Kind einfach bei den Eltern wieder abgeben kann, wenn der brummende Kopf, den man von der Party am Vorabend hat, sich nicht mit dem Kindergebrüll vom kleinen Paulchen verträgt.

KAPITEL 6

Leben & Lieben
der anderen

Weil Singles Pärchenabende erspart bleiben

In puncto Pärchenabende gibt es zwei Wahrheiten. Die erste lautet: Singles werden dazu in der Regel sowieso nur sehr selten eingeladen, denn eigentlich gehören sie ja gar nicht zu dieser Gruppe. Und die rücksichtsvollen Paare fürchten, dass sich die »armen Singles« (zumindest sehen sie das so) durch die bloße Anwesenheit von (mehr oder weniger) knutschenden Menschen dauernd an ihren »Außenseiter-Status« erinnern und noch trauriger werden, als sie ohnehin schon sind (das glauben die meisten Paare nämlich auch). Die andere, für den Single jedoch viel entscheidendere Wahrheit ist allerdings: Selbst wenn ein Single mal zu einem Pärchenabend eingeladen wird, aus Mitleid oder anderen Motiven, geht er lieber gar nicht hin, sondern lässt sich eine gute Ausrede einfallen. Der Grund für die Abneigung von Singles gegen Pärchenabende ist relativ schnell erklärt: Singles (und in Wirklichkeit auch die Hälfte aller Paare) finden Pärchenabende schrecklich. Und das liegt nicht daran, dass der Single das Glück der Anwesenden nicht ertragen kann und auf ihre Beziehung so neidisch ist wie Schalke auf die Titelhistorie des FC Bayern München, sondern daran, dass solche Abende auch tatsächlich schrecklich langweilig sind.

Es gibt eine Vielzahl von Gründen, warum Pärchenabende einen schlechten Ruf haben: Erstens hängt es mit den teilnehmenden Pärchen selbst zusammen. Natürlich nicht mit allen, aber mit denen, die wir mal vorsichtig »die anstrengenden Paare« nennen. Anstrengende Paare brauchen manchmal eine große Bühne, auf der sie ihre Liebe vor anderen zur Schau stellen können. Sie knutschen wilder als je zuvor und ganz sicher ausgiebiger, als sie es ohne Zuschauer tun würden. Mit den anstrengenden

Paaren kann ein Single an diesem Abend nichts anfangen, weil sie viel zu sehr mit sich selbst und ihrer Show beschäftigt sind. Die übrigen Paare, die so freundlich sind und nicht die ganze Zeit mit der Zunge im Hals des anderen nach den Resten vom Abendessen suchen, sind zwar in der Regel gesprächsbereit (und im Zweifel auch gesprächswillig), aber dafür keine besonders spritzigen Gesprächspartner. Sie erzählen entweder dieselben ollen Geschichten wie das letzte Mal, als man sie getroffen hat – vielleicht weil sie seitdem nichts besonders Weltbewegendes erlebt haben. Oder (und das ist eigentlich noch schlimmer) sie erzählen die ganze Zeit von ihren Kindern, weil sie das Einzige sind, das ihre Welt überhaupt noch bewegt.

Wenn Sie mich fragen (und ich habe mich aus Recherchegründen schon auf einige Pärchenabende gewagt), herrscht dort meistens keine Bombenstimmung. Vielleicht setzt die Runde auch deshalb große Hoffnung in einen anwesenden Single: Er erlebt auf seinen Touren durch das Nachtleben doch so viel, dass er die ganze Runde unterhalten können müsste. Mit Geschichten von absurden Dates und schmierigen Anmachen, oder mit Details darüber, wo er zuletzt einen rauschenden Abend verbracht hat und wie rauschend dieser endete.

Was für eine Last, die da auf den Schultern des armen Singles liegt! Aus diesem Grund macht er sich noch vor Mitternacht wieder auf den Weg, um etwas wirklich Aufregendes zu erleben. Aber das nimmt ihm zum Glück keines der Pärchen übel. Denn meistens fangen die ersten Paare da eh schon an zu gähnen, außerdem braucht er ja auch neuen Stoff für die Geschichten, die er ihnen beim nächsten Mal erzählen kann. Insgeheim sind sie beinahe ein bisschen neidisch darauf, dass sein Abend erst richtig beginnt, wenn ihrer schon wieder endet. Nur zugeben würden sie das natürlich nicht ...

Weil Singles bei Junggesellenabschieden entspannt sind

Einmal im Leben scheint jeder Mensch dazu verpflichtet zu sein, sich so richtig zum Affen zu machen, ob er will oder nicht. Wie hoch der Grad seiner Blamage wirklich ist, darf er noch nicht mal selbst bestimmen! Beim Junggesellenabschied sind es die besten Freunde (oder sollte man eher sagen: die zukünftigen Feinde), die das für ihn festlegen. Wenn man eine kleine Studie über die größten Peinlichkeiten machen will, muss man nur an einem Samstagabend über die Hamburger Reeperbahn spazieren, dem Traumziel vieler Junggesellenabschiede aus der Vorstadt und dem Rest der Republik: Dort trifft man Heerscharen von Heiratswilligen und ihren Freunden. Braut beziehungsweise Bräutigam erkennt man sofort an ihren dämlichen Kostümen: Sie müssen im pinkfarbenen Hasenkostüm, mit lustig bedruckten T-Shirts (»Ich bin ein JA-Sager«) oder als Matrose verkleidet herumlaufen. Sie haben einen Bauchladen vorgeschnallt, in dem sie lauter unnötige Sachen (XXL-Kondome, Perlenstrings, Mini-Schnäpse) haben, um sie an den Mann oder die Frau zu bringen, und eine Horde grölender Freunde (oder kichernder Freundinnen) im Schlepptau.

Als Single ist man von seinem eigenen Junggesellenabschied in der Regel bisher verschont geblieben (es sei denn, man ist ein geschiedener Single, doch die können fremde Junggesellenabschiede sogar noch viel mehr genießen), aber zumindest als Gast war man schon häufig dabei. Schließlich kommen ab 30 plötzlich immer mehr Leute aus dem Bekanntenkreis auf die Idee zu heiraten. Für mich hat die Teilnahme an Junggesellenabschieden immer eher dazu geführt, dass ich eine Heirat für mich erst mal ausgeschlossen habe – und das nicht nur in Ermangelung eines passenden Kandidaten, sondern eher grundsätzlich. Als ich dabei zusehen musste, wie meine Freundin von ihrer Arbeitskollegin dazu genötigt wurde, einem schleimigen Stripper Sahne aus dem Bauchnabel zu lecken, war ich wieder einmal mit dem Heiraten durch.

Andererseits kann der Single bei so einem Abend auch ganz entspannt mitmachen, denn die Wahrscheinlichkeit, dass er bald selbst vor den Traualtar schreitet, ist noch niedriger als die, dass Dieter Bohlen und Thomas Anders sich noch einmal versöhnen. Und bis es irgendwann doch so weit sein könnte, hat die Braut oder der Bräutigam, die man an ihrem Junggesellenabschied mit fiesen Spielen und Aufgaben gequält hat, längst vergessen, was man ihnen angetan hat. Der Rache könnte man also entkommen! Bei den anderen Anwesenden, die schon Jahre mit ihrem Partner oder der Partnerin zusammen sind und vielleicht sogar die Nächsten auf dem Standesamt sein werden, ist die Angelegenheit etwas heikler: Sie sollten sich mit miesen Aufgaben besser zurückhalten. Die Party sprengen wird das sicher nicht: Für die angemessene Unterhaltung sorgt dann eben der Single.

Weil am Single-Tisch bei Hochzeiten am meisten getrunken und gefeiert wird

Als Single auf eine Hochzeit zu gehen scheint nicht sehr verlockend: Der Single fürchtet, dass er an den Katzentisch gesetzt wird, wenn er nicht Trauzeuge oder mit den Brautpaar verwandt ist. An diesem Tisch sind zufälligerweise auch alle anderen Gäste, die allein kommen, platziert. Natürlich ist das kein Zufall, sondern hat simple Gründe: Als Randgruppe fühlt man sich bestimmt wohler, wenn man unter seinesgleichen ist, denkt das Brautpaar und steckt alle Singles zusammen. Und außerdem kann es doch sogar passieren, dass zwei der anwesenden Singles vielleicht sogar perfekt zueinanderpassen und sich auf der Hochzeit ineinander verlieben! Wäre das nicht romantisch?

Natürlich ist es doof, ungefragt und unfreiwillig mit Leuten, die man nicht kennt und die man sich nicht aussuchen kann, zu einer »Leidensgemeinschaft« verurteilt zu werden. Vor allem, weil man ahnt, dass man mit dem pickeligen Dauerstudenten, der mit dem Bräutigam früher zusammen in einer WG wohnte, nun wirklich nichts gemeinsam hat. Aber vor lauter Jammern und Klischees übersieht man die Vorteile, die Single-Tisch und Single-Status auf Hochzeiten haben können: Erstens ist die Stimmung am Single-Tisch nach einem, zugegeben, holprigen Start besser als an den restlichen Pärchentischen. Wenn man sich erst mal mit den anderen Singles darüber einig geworden ist, dass man zwar hier und heute einen fantastischen Abend haben kann, aber niemals den Rest seines Lebens zusammen verbringen wird, geht die Party richtig los und der Alkohol fließt in Strömen. Was unter anderem auch daran liegt, dass einem niemand unter dem Tisch gegen das Schienbein tritt, wenn man sich zum dritten Mal das Glas mit Wein nachfüllt.

Zweitens: Alles, was an Hochzeiten anstrengend ist, fällt an diesem Tisch komplett flach. Wer je mit Partner auf einer Hochzeit war, erinnert sich sicher daran, dass die angepeilte Tanz-Frequenz immer unterschiedlich ist: Der eine will bei jedem langsamen Lied tanzen, weil man das doch gerade im gemeinsamen Tanzkurs gelernt hat, der andere will am liebsten gar nicht tanzen. Wenn man sich dann in puncto Tanzen endlich einigermaßen geeinigt hat, läuft das Paar auch noch Gefahr, sich über andere Dinge zu streiten – zum Beispiel wann man eigentlich selbst heiraten wird, ist doch schließlich alles so romantisch.

Nein, der Single tanzt nur dann, wenn er Lust hat, und auch selten mit demselben Partner, sondern mit allen, die an seinem Tisch sitzen (ja, auch mit dem pickeligen Dauerstudenten). Er tauscht mit den anderen Singles die Highlights seiner Date-Historie aus und wird dafür nicht bemitleidet, sondern verstanden. Er hält sich immer in der Nähe der Bar auf und unterhält ein gutes Verhältnis zum Personal, das ihn mit Drinks versorgt – und niemand meckert, wenn er am Ende des Abends der Vollste von allen ist. Im Gegenteil: Die anwesenden Singles trinken einfach mit. Nicht aus Frust, sondern aus Freude.

Weil Singles schon als Trauzeugen
die Nase voll haben vom Heiraten

Eine Hochzeit kann also unter Umständen ein großer Spaß sein, aber meistens nur für jene, die ganz normale Besucher sind und keine organisatorischen Aufgaben übernehmen müssen. Denn sobald man bei der Hochzeit eine (mehr oder weniger) tragende Rolle spielt, bereitet sie keinen Spaß mehr, sondern Stress. An erster Stelle bereitet sie natürlich dem Brautpaar einen Haufen Mühe – auch wenn es eigentlich der schönste Tag in ihrem Leben sein soll: Lange bevor sie sich in Anzug und weißes Kleid werfen, müssen sie erst mal eine geeignete Location finden (sehr schwer!). Dann streiten sie sich darüber, wer überhaupt eine Einladung bekommt (»Deine Exfreundin? Niemals!«), sie futtern sich durch einen Haufen Probemenüs und Hochzeitstorten (okay, es gibt Schlimmeres), suchen einen DJ, der die Gäste unterhält, und einen Pastor, der sie traut. Und am Ende bezahlen die beiden einen riesigen Batzen Geld dafür, dass alle anderen sich auf ihrem Fest betrinken können, sie selbst aber zumindest einigermaßen nüchtern bleiben. Klingt das nach etwas, das man unbedingt erlebt haben muss?

Trotzdem kommen alle Paare irgendwann an den Punkt, an dem sie darüber nachdenken, ob sie sich auch an dieses Fest heranwagen sollen. Erster Vorteil für Singles: Solche Überlegungen (und mögliche Diskussionen) bleiben ihnen in Ermangelung eines Partner erspart. Aber vor allem bleibt ihnen auch der ganze oben beschriebene Organisationsstress erspart, zumindest wenn er nicht von einem befreundeten Paar zum Trauzeugen gemacht wird. Auf den ersten Blick ist diese Aufgabe natürlich eine große Ehre und ein Zeichen enger Freundschaft und bedeutet für den

Single zudem, dass er nicht am Katzentisch sitzt (obwohl es da ja sogar ganz lustig ist). Aber auf den zweiten Blick ist der Single froh, wenn er diese Hochzeit erst mal überstanden hat und dass seine eigene noch Lichtjahre – wenn überhaupt – entfernt ist. Denn schon als Trauzeuge hat man mit der Verwahrung der Ringe, dem Fotografieren, dem Planen der Bühnenstücke und Reden so viel Organisation am Hals, dass man weiß: Auf eine Hochzeit muss man nicht neidisch sein, man kann froh sein, dass man ihr noch ein paar Jahre entgeht ...

Weil Singles nicht an Hochzeits- oder Jahrestage denken müssen

Bei Nicht-Singles herrscht zwischen den Geschlechtern eine hohe Uneinigkeit darüber, wie wichtig solche Daten eigentlich sind: Frauen finden sie meistens extrem wichtig und erwarten an diesen speziellen Tagen Rosen, Geschenke, eine romantische Geste, eben etwas Besonderes. Männer dagegen halten Jahres- und Hochzeitstage in krummen Jahren (also: jedes Jahr bis zur Silberhochzeit!) für total unwichtig – wahrscheinlich vergessen sie sie auch deshalb Jahr für Jahr. Ihre Frau kriegt nur dann Blumen, wenn sie diese vorher quasi unter Androhung der chinesischen Tröpfchenfolter eingefordert hat. Wenn die Frau ihren Mann nicht daran erinnern würde, dann würde sie weder ein Geschenk noch einen besonders innigen Kuss bekommen. Und der Mann hätte danach für ein paar Tage die Hölle auf Erden.

Für Singles dagegen gibt es im Jahr nur die üblichen Feiertage, und an die wird man dank entsprechender Dekoration in den Warenhäusern (Osterhasen, Tannenzweige, Wunderkerzen) quasi automatisch erinnert. Ansonsten muss er sich mit keinen besonderen Daten das Leben schwermachen ...

Weil Singles keine
Trennungen durchmachen

Leider gibt es für Beziehungen keinen Garantieschein, und so kann es passieren, dass sich zwei Menschen, die sich einmal abgöttisch geliebt haben (und deshalb den Single oft etwas mitleidig angesehen haben), plötzlich nicht mehr lieben, sondern verachten. Vielleicht ist einer von beiden fremdgegangen, vielleicht hat man sich auch einfach nichts mehr zu sagen, vielleicht kann man auch nur die Art, wie der andere sein Frühstücksei isst (und alles andere, was er den Rest des Tages noch macht), nicht mehr ertragen.

Wenn der Single Zeuge wird, wie sich ein Paar aus seinem Freundeskreis trennt (und zwar nicht in Liebe und Güte, sondern mit Stunk und Krach), fühlt er sich in seinem Beziehungsstatus wieder bestätigt – wahrscheinlich bekommt er die Trennung live und in allen Phasen mit. Denn der frische Single will von einem erfahrenen Single natürlich wissen, wie er plötzlich wieder allein klarkommen soll und wo man sich die Nacht um die Ohren schlagen kann. Außerdem geht der frische Single davon aus, dass der erfahrene Single mehr Zeit und (eventuell sogar) Platz für ihn hat als die befreundeten Paare.

Unglücklichweise wird der erfahrene Single deshalb auch in jedes Detail der Trennung eingeweiht. Erst muss er Tränen trocknen und sich immer und immer wieder anhören, warum die Beziehung vorbei ist. Dann folgt das Gezeter darüber, was der andere für ein riesiger Idiot ist. Und erst dann (und das kann wirklich einige Zeit dauern) kann auch der frische Single seinen neuen Beziehungsstatus wieder genießen. Der erfahrene Single dagegen ist schon in allen Phasen davor überzeugt davon, dass

sein Lebensstil der bessere ist. Denn natürlich fühlt man sich als
Single auch ab und zu mal allein und es fehlen einem die ange-
nehmen Dinge einer Beziehung – doch eine Trennung gehört nun
wirklich nicht dazu. Wenn der Single also mal wieder hautnah
(aber nicht selbst) an einer teilhaben darf, weiß er, wie schön es
ist, dass ihm niemand so das Herz brechen kann.

Weil Singles von Paaren beneidet werden

In einigen schwachen Momenten kommt es durchaus vor, dass der Single andere Paare um ihren Beziehungsstatus beneidet. Wenn es seit Tagen draußen stürmt und schneit und der sonst so aktive Single in seiner Wohnung bleiben muss – dann denkt er, dass es schön wäre, wenn jetzt jemand neben ihm auf der Couch liegen würde. Oder wenn der Single eine Grippe hat und niemand da ist, der ihm eine Hühnersuppe kocht – oder zumindest rausgeht, um ihm eine zu kaufen. Diese Situationen macht der Single dann allerdings meistens mit sich allein aus, er redet nicht groß darüber (erst recht nicht mit Nicht-Singles) und weiß, dass dieser Anfall schon morgen, wenn die Grippe weg und der Schnee getaut ist, wieder vorbei ist.

Viel häufiger kommt es dagegen vor, dass Paare den Single um seinen Beziehungsstatus beneiden – vollkommen zu Recht übrigens, denn das Leben allein ist im Vergleich zu dem Leben zu zweit (oder zu dritt oder viert, wenn schon Kinder dazugehören) um ein Vielfaches einfacher. Die Nicht-Singles haben auch überhaupt keine Hemmungen, dem Single ihren Neid mitzuteilen, vielleicht auch deshalb, weil sie wissen, dass der Single gern hört: »Manchmal wäre ich auch gern wieder Single!«

Manchmal ist zum Beispiel immer dann, wenn ein Single und ein Nicht-Single abends zusammen unterwegs sind. Dann kann es nämlich vorkommen, dass der Nicht-Single um drei Uhr morgens schon die zweite SMS von seiner besseren Hälfte bekommen hat, ob er nicht bald mal nach Hause kommen will, weil er sonst vor verschlossener Tür übernachten muss (oder eben bei seinem Single-Freund), und der Single sich noch gut gelaunt ein Bier bestellt, ohne auch nur darüber nachzudenken, ob er bald nach Hause gehen sollte. Manchmal ist auch dann, wenn der Nicht-Single am Telefon kein Wort des Singles versteht, weil im Hintergrund die Kinder und die bessere Hälfte darum streiten, ob die Kinder noch einen Keks essen dürfen, und am Ende der zu gewinnen scheint, der am lautesten schreit. Oder wenn der Single schon das dritte Wochenende hintereinander zum Spiel des Lieblingsfußballvereines geht (ja, auch bei einem Auswärtsspiel war er dabei), ohne dass er im Gegenzug versprechen musste, dass er mit seiner besseren Hälfte in die nächste Schwanensee-Aufführung gehen wird (so wie es der Nicht-Single tun müsste).

Es ist eine typisch menschliche Schwäche, dass man oft das haben will, was der andere hat, und nicht das zu schätzen weiß, was man selbst hat. Deshalb vergisst der Single auch ab und zu, welche Vorzüge sein Lebensstil hat. Aber immer wenn er hört, um was der Nicht-Single ihn beneidet und warum, dann ist er wieder zufrieden. Und weiß, dass man nie alles haben kann – obwohl er schon ziemlich nahe dran ist.

Weil Singles mit ihren Expartnern befreundet sein können

Kaum etwas hat in einer Beziehung so viel Streitpotenzial wie die Existenz von Expartnern. Dabei muss man sich gar nichts vormachen: Wer sich schon ein paar Jahre im geschlechtsreifen Alter befindet, wird sicher auch ein paar Beziehungen gehabt haben. Und auch wenn sie alle irgendwann auseinandergingen, aus welchen Gründen auch immer, ist die bloße Existenz des Expartners für den neuen Partner schon eine Beleidigung. Deshalb steht es für einen Nicht-Single in der Regel auch völlig außer Frage, mit seinen Expartnern eine Freundschaft aufzubauen, zumindest, wenn er nicht in kürzester Zeit wieder selbst Single sein will.

Singles haben in der Regel schon lange Nutzen und Vorteil ihrer Expartner erkannt: Die wissen schließlich nicht nur, wie man aussieht, wenn man morgens aus dem Bett steigt (was bedeutet, dass man sie auch im allerschlimmsten Schluffi-Outfit empfangen kann), wie man seinen Kaffee am liebsten trinkt und welche Marotten man hat. Nein, sie sind auch die besten Ratgeber. Kaum ein anderer kennt einen schließlich so gut wie die Person, mit der man eine Zeit lang sein Leben und seine Sorgen und Hoffnungen geteilt hat (zumindest, wenn diese Zeit etwas länger als ein paar Nächte oder Wochen war), und beraten einen mit einem ganz anderen Hintergrundwissen als manche Freunde und Bekannte.

Natürlich funktioniert das nur, wenn die Trennung vom Expartner ohne größere Feindseligkeiten verlief. Ich habe beispielsweise einen Exfreund, der handwerklich doppelt so begabt ist wie ich (was in Anbetracht der Lage, dass ich nicht mal ein Loch in die Wand bohren kann, keine besonders hohe Kunst ist). Da er seit Jahren genauso hartnäckig Single ist wie ich, gilt mein erster Anruf, wenn ich ein handwerkliches Problem habe, meistens ihm. Nun ist es zwar nicht so, dass er jedes Mal eine perfekte Lösung parat hat, aber er hat zumindest immer die Telefonnummer von irgendeinem Profi, der mir helfen kann. Natürlich treffen wir uns auch abseits von handwerklichen Belangen ab und zu auf einen Kaffee, erstens, weil wir uns schon immer über das gegenseitige Liebesleben – soweit vorhanden – auf dem Laufenden halten, und zweitens, weil man einen Menschen, den man einst vergötterte, mit ein wenig zeitlichem Abstand nach der Trennung doch noch sympathisch findet.

Ein Nicht-Single könnte sich das bestimmt auch mit einigen Exen gut vorstellen, kann es aber nur selten ausleben: Sobald ein neuer Partner im Spiel ist, wird eine Freundschaft zum Ex kompliziert – und zwar nicht für die beiden Expartner, sondern für den oder die Neue. Denn die glaubt nicht, dass man beim Ex nur Rat und Freundschaft sucht, sondern vielleicht etwas Körperliches. Das musste ich gerade am eigenen Leib erfahren: Als ich meinen Ex anrief, um zu hören, wo ich mir einen antiken Schrank aufarbeiten lassen könnte, hörte ich im Hintergrund eine Frauenstimme und aus seinem Mund nur Wortkarges. Es war seine Neue – und ich habe das Gefühl, sie war nicht gerade angetan von meinem Anruf ...

Weil Singles selten Liebeskummer haben

Natürlich ist es nicht so, dass Singles keinen Liebeskummer haben, nur weil sie nicht in einer Beziehung stecken. Denn Liebeskummer kann man ja auch haben, wenn man am liebsten mit jemandem in einer Beziehung stecken würde, der das aber nicht unbedingt will. Dann ist man ein unglücklicher Single mit Liebeskummer – und in dem Moment findet man am Single-Dasein wahrscheinlich überhaupt nichts toll und großartig – und kennt auch keinen einzigen Grund, warum es besser (oder zumindest genauso gut) sein sollte, Single statt Beziehungsmensch zu sein.

Dabei ist die Erklärung total simpel: Ein Beziehungsmensch hat im Vergleich wahrscheinlich häufiger Herzschmerz mit seinem Partner, als ein Single Herzschmerz wegen einer enttäuschten Liebe hat. Denn mal ehrlich: Wie oft begegnet einem Single überhaupt ein anderer Single, für den man sich so sehr interessiert, dass er einem das Herz brechen kann?

Ein Beziehungsmensch dagegen hat seinen Partner ja schon so sehr in sein Herz gelassen, dass er es ganz leicht brechen – oder zumindest verletzen – kann. Mit kleinen Dingen wie einem unbedachten Satz (»Manchmal bist du aber auch ein bisschen dämlich, ne?«) oder auch etwas größeren, etwa, wenn der andere fremdgeknutscht hat. Als Single wird man auch mal verletzt, von Freunden oder einem hoffnungsvollen Flirt, aber in einer Partnerschaft, in der wahnsinnig viele Hoffnungen, Erwartungen und Wünsche an den anderen stecken, tun diese Verletzungen eben auch am allermeisten weh. Vielleicht hat der Single das auch schon viel zu oft mitgemacht, damals, als er noch kein Single war – und sich jetzt aus gutem Grund erst mal für diesen Beziehungsstatus entschieden?!

KAPITEL 7

Geld und Karriere

Weil Singles Cabrio statt Kombi fahren

Für manche mag ein Auto nur ein schnödes Fortbewegungsmittel sein, für den Single ist es viel mehr als das. Für ihn ist das Auto ein Ausdruck seiner persönlichen Freiheit – schließlich könnte er sich jederzeit hineinsetzen, wenn ihn alles ankotzt, und ans Meer fahren, in eine andere Stadt oder sogar in ein anderes Land. Mit dem Fuß auf dem Gaspedal und das Autoradio ganz laut aufgedreht, weiß der Single wieder, warum er seine Ungebundenheit so liebt.

Man erkennt den Beziehungsstatus eines Menschen oft an dem Auto, das er fährt. Ein Nicht-Single fährt in der Regel ein zuverlässiges und praktisches Auto. Eines das scheckheftgeprüft ist, bei dem man sicher weiß, dass es immer anspringt, auch wenn draußen die Temperaturen in den Minus-Bereich sinken. Am liebsten fährt der Nicht-Single (vor allem der mit Kinderplanung im Hinterkopf) einen praktischen Kombi, jedoch mindestens einen Kleinwagen mit vier Türen. Denn es müssen ja später auch Kinder, Kinderwagen und Kindersitze hineinpassen.

Ein Single dagegen fährt einen Kombi nur dann, wenn er ein Hobby mit einer extrem sperrigen Ausrüstung hat. Kitesurfen, antike Möbel restaurieren, Snowboarden. Ansonsten fährt der Single ein Auto, das Spaß macht. Einen kleinen Flitzer, mit dem er auf der Autobahn an allen vorbeizieht und neidische Blicke erntet. Einen Mini, mit dem man überall parken, aber nie mehr als einen Beifahrer mitnehmen kann. Einen alten Liebhaber-Porsche, den er im Winter zwar abmelden und in einer Garage parken muss, aber an dem er im Sommer perfekt das ganze Wochenende herumschrauben kann. Oder einen VW-Bus, in den er hinten eine Matratze hineinlegen und ganz spontan (mit Begleitung) am Meer übernachten kann.

Der Single braucht kein praktisches und zuverlässiges Auto, sondern eines, für das sein Herz schlägt – und das zu seinem abwechslungsreichen Leben passt. Übrigens: Eine Studie unter Singles hat ergeben, dass die Hälfte von ihnen an der Ampel eher mit dem Fahrer eines BMW-Cabrio flirten würden und immerhin noch 40 Prozent mit einem Oldtimer-Fahrer – aber nur 15 Prozent mit dem eines Passat Kombi ...[*] Wenn das kein Argument gegen einen Kombi ist!

---

[*] Quelle: *ElitePartner Liebestrendmonitor, Februar 2009*

Weil Singles mehr Geld für ihre Interessen haben

Singles werden vom deutschen Steuersystem im Vergleich zwar immer noch am meisten zur Kasse gebeten, dennoch sehen sie keinen Anlass, nur aus steuerlichen Gründen einen anderen Menschen zum Heiraten zu suchen. Denn der Single redet sich ein (und bei vielen, die ich kenne, ist es oft auch so), dass von seinem Gehalt unter dem Strich trotzdem mehr für seine eigenen Interessen übrig bleibt.

Die Rechnung ist ja auch ganz leicht gemacht: Singles haben gegenüber Verheirateten zwar höhere Steuerausgaben, aber sie haben auch niedrigere Fixkosten. Überlegen wir doch nur mal: Kinderlose Singles müssen keine hohen Gebühren für einen Kita-Platz für den lieben kleinen Paul oder die zuckersüße Emma ausgeben (und das sind in Großstädten wirklich hohe Gebühren). Sie haben auch keine Haushaltskasse, in die sie an jedem Monatsanfang eine feste Summe einzahlen und aus der mindestens zwei Personen die restlichen vier Wochen versorgt werden müssen. Singles gehen nur dann Lebensmittel einkaufen, wenn sie welche brauchen, und kaufen auch nur das, was sie selbst mögen. Singles müssen auch nur ein Auto betanken (wenn überhaupt), für das Auto brauchen sie auch nur einen Satz Winter- und Sommerreifen und sie zahlen auch nur eine KFZ-Versicherung. Sie haben kein großes Haus in der ruhigen (aber sauteuren und dafür stinklangweiligen) Vorstadt, sondern eine 2–3-Zimmer-Wohnung mitten in der Stadt, wo es laut ist (und deshalb die Miete günstiger) und die nächste Kneipe in bequemer Fußmarsch-Entfernung liegt. Singles fahren in den Urlaub, wenn die Ferien in jedem deutschen Bundesland vorbei und die Preise niedrig sind (genau wie der Lärmpegel), und sie müssen keine teuren Geburtstags-,

Hochzeitstags- und Weihnachtsgeschenke für Kind, Partner und dessen Eltern kaufen.

Das Geld, das Singles auf diese Weise einsparen, steht ihnen ganz und gar für ihr eigenes Vergnügen zur Verfügung. Und der Single scheut sich nicht, das Geld auch mit vollen Händen auszugeben. Er kauft sich neue Klamotten, wenn ein Date ansteht, er einfach nur mal so umwerfend aussehen will, sich etwas Gutes tun will oder sich auf den ersten Blick in dieses tolle braune Teil im Schaufenster verguckt hat. Der Single fährt gern im Taxi und nicht mit Bus und Bahn (oder dem eigenen Auto) zu einer Party, vor allem, wenn er wieder die Sitzschuhe trägt, in denen er unmöglich gehen oder stehen kann, aber hinreißend aussieht. Er kauft sich DVD-Boxen seiner Lieblingsserien für verregnete Sonntage, zahlt jeden Monat bereitwillig für das Sky-Fußball-Bundesliga-Paket, um nahezu jeden Tag in der Woche Spiele und Zusammenfassungen sehen zu können. Er ist Stammgast im Kino und beim besten Italiener der Stadt, wenn er keine Lust auf Kochen hat. Der Single investiert das Geld, das er nicht für Grundkosten braucht, vernünftig: in sich und sein Wohlergehen. Und niemand könnte es ihm übel nehmen.

Weil Single-Frauen immer Schuhe kaufen können

Es ist wahrscheinlich eines der gängigsten Vorurteile gegenüber Frauen: dass sie immer nur Schuhe kaufen. Dabei ist
das nur die halbe Wahrheit: In Wirklichkeit kaufen Frauen dazu
auch gern noch eine passende Handtasche. Zugegeben, es ist
nicht überraschend, dass Männer das nicht verstehen und es
stets mit einem doofen Spruch und Kopfschütteln kommentieren
müssen. Denn Männer haben in der Regel durchschnittlich fünf
Paar Schuhe (das haben zumindest Recherchen in meinem männ-
lichen Freundeskreis ergeben), davon sind ein Paar Laufschuhe
und ein Paar Adiletten. Die restlichen drei sind ein Paar lässige
Sneaker (für die Freizeit) sowie ein schwarzes und ein braunes
Paar Lederschuhe für den Job (zumindest, wenn sie in einem Job
arbeiten, in dem sie Lederschuhe tragen müssen).

Frauen kommen damit nicht aus, Single-Frauen erst recht
nicht. Schuhe sind für sie nicht nur irgendein Kleidungsstück,
so wie sie es für Männer sind. Für Frauen sind sie eine Stütze
auf dem Weg durchs Leben. Und jeder Schuh passt zur Laune
der Frau: Wenn sie die Sneaker angezogen hat, dann ist ein Tag,
an dem ihr alles schnurzpiepe ist, an dem sie auch mal alle fünfe
gerade sein lässt. Hat sie die High Heels an, dann will sie heute
noch was erleben und auf sich aufmerksam machen. Und wenn
sie Stiefel trägt, dann geht sie heute festen Schrittes durchs Leben.
Um also für jede Stimmung auch den richtigen Schuh parat zu
haben (und zu jedem Outfit die passende Farbe), braucht sie eine
entsprechende Auswahl – ein Fakt, den Männer nicht verstehen.
Deswegen jammern sie auch immer herum, wenn sie ihre Freundin
in ein Schuhgeschäft begleiten. Und sagen dabei so unqualifizierte
Sätze wie »Du hast doch schon ein Paar graue Schuhe«, wenn sie

die grauen Wedges in Wildleder anprobiert. Dass ihr Paar graue Schuhe jedoch flach, aus Glattleder und damit ganz anders ist, versteht der Mann nicht. Und er versteht auch nicht, dass sie für noch ein Paar graue Schuhe wieder ein Achtel ihres Monatsgehaltes ausgeben will.

Single-Frauen dagegen haben wahrscheinlich nicht nur zwei Paar graue Schuhe im Schrank, sondern vier. Denn niemand macht beim Einkaufen einen doofen Kommentar, niemand erinnert sie daran, dass sie doch eigentlich auf einen Flachbildfernseher sparen wollten. Die Single-Frau schlägt einfach zu – und hat wieder einen Schuh, der perfekt zu einer ihrer Launen passt.

Weil Singles ihre Ausgaben nie rechtfertigen müssen

Noch besser als sein Geld einfach für alles ausgeben zu können, was einem Freude macht, ist, dass der Single deshalb auch niemals ein schlechtes Gewissen haben muss. Denn schließlich erwartet niemand von ihm, dass er am Ende des Monats erklärt, wo eigentlich das ganze Geld abgeblieben ist. Höchstens der Bankberater fragt nach einiger Zeit besorgt nach, wenn man dauernd knietief im Dispo-Kredit steckt. Aber außer dem kontrolliert niemand die Kontoauszüge und fragt sich, warum jeden zweiten Tag Zahlungen bei H&M, Zara, Wormland, Budapester Schuhe oder Cos per EC-Karte getätigt wurden. Und keiner wundert sich, warum von Woche zu Woche immer weniger Platz im gemeinsamen Kleiderschrank ist und das CD- oder DVD-Regal auch wegen Überfüllung geschlossen ist. Der Beziehungsmensch wird nach ein paar bohrenden Fragen irgendwann dazu übergehen, in den Geschäften nur noch bar zu bezahlen (bloß keine Spuren hinterlassen!) und seine Tüten mit den Einkäufen heimlich in die Wohnung zu schmuggeln, weil er keine Lust auf Diskussionen und Rechtfertigungen hat.

Der Single dagegen muss sein Geld nicht sparen, wenn er nicht möchte. Von ihm erwartet niemand, dass es es nicht fürs eigene Vergnügen, sondern für gemeinsame Anschaffungen zur Seite legt, die er für sinnlos hält (Wozu braucht man denn jetzt plötzlich eine rückenfreundlichere, aber sündhaft teure Matratze? Die billige von Ikea hat es doch bisher auch getan!). Der Single muss nur möglichst immer noch gerade so viel auf der hohen Kante haben, dass ihn eine außerplanmäßige Autoreparatur oder eine Nachzahlung der Heizkosten nicht ruinieren würde. Ansonsten kann er mit seinem Geld schalten und walten, wie er möchte – und das tut er auch!

Weil Singles sich eine Putzfrau leisten

Es klingt vielleicht arrogant und verwöhnt, aber es ist nun mal so: Abgesehen von der Tatsache, dass Singles auf Putzen so viel Lust haben wie Paris Hilton auf die Lektüre von Karl Marx, haben sie dafür auch meistens gar keine Zeit. Sie basteln eifrig an ihrer Karriere, nehmen sich einen Haufen Zeit für ihre Freunde, treffen sie oder telefonieren stundenlang mit ihnen. Dann treiben sie sich auch noch im Sportstudio herum oder haben andere Hobbys, denen sie sich mit viel Zeitaufwand und Leidenschaft widmen. Und am Wochenende wollen sie lange schlafen, ausgehen und ansonsten nur faulenzen.

Dass der Single so wenig Zeit zu Hause verbringt, hat zwar einerseits den Vorteil, dass er auch nicht besonders viel Schmutz machen kann. Der Nachteil daran ist jedoch, dass er keine Zeit hat, selbst diesen wenigen Schmutz zu beseitigen. Meistens ist der Single schon froh, wenn er überhaupt dazu kommt, seine Kleidung zu waschen und darauf zu achten, dass er jeden Tag mit einem einigermaßen gebügelten Outfit und ohne Flecken im Büro auftaucht (dazu muss man jedoch sagen, dass der männliche Single seine Hemden in der Regel nicht selbst bügelt, sondern das von einer netten Frau in der Reinigung erledigen lässt).

Für seine eigene Pflege nimmt der Single sich aber auf jeden Fall lieber Zeit als für die seiner Wohnung. Da seine Wohnung aber leider nicht durch Wunschdenken vom Staub befreit und vom Abwasch erlöst wird, muss der Single sie durch die Hand einer professionellen Reinigungskraft wienern lassen. Denn wenn der Single schon mit seinem Geld und seiner Zeit umgehen kann, wie er möchte, dann ist die Zeit ihm zu schade, um sich mit Wischlappen, Eimer und Staubwedel bewaffnet durch die Wohnung zu arbeiten. Sein Geld ist ihm allerdings nicht zu schade, um es dafür auszugeben. Eine Putzperle macht dem Single das Leben erheblich leichter und angenehmer – und daran spart er nicht. Auch nicht, wenn seine (oder in diesem Fall: meine) Mutter ungläubig mit dem Kopf schüttelt und sagt: »Das bisschen Haushalt von einer Person! Dafür eine Putzfrau?«

Weil Singles ohne Probleme Überstunden machen

Die Zeiten, in denen man eine Nine-to-five-Stelle hatte und pünktlich zu Beginn von »Verbotene Liebe« zu Hause vor dem Fernseher saß, sind in den meisten Fällen schon lange vorbei – Jobangst und Wirtschaftskrise sei Dank. Heute gehören Überstunden zum Arbeitsalltag und werden auch von den meisten Arbeitgebern stillschweigend vorausgesetzt. Was natürlich nicht bedeutet, dass sie deshalb besonders belohnt werden, zumindest nicht finanziell. Wer nicht freiwillig und ohne Murren zu Überstunden bereit ist, steht meistens im Kreis der zu Befördernden am äußersten Rand.

Der Single kennt sich zwar mit Randgruppen aus, immerhin wird er von der Gesellschaft oft noch behandelt, als gehöre er zu einer (obwohl man bei zehn Millionen Singles in Deutschland nun wirklich keine Randgruppe mehr ist) – doch im Job will er nun nicht auch noch dazugehören. Für Singles sind Überstunden im Job aber auch kein Problem – sie machen sie in den meisten Fällen sogar gerne. Nicht, dass der Single kein Leben außerhalb seines Jobs hat, das nun wirklich nicht, doch sein Job ist ein zentraler Punkt in seinem Leben. Eine Umfrage hat sogar einmal ergeben, dass nur jeder vierte Single überhaupt bereit wäre, seinen zeitlichen Einsatz im Job zu reduzieren, wenn er wieder eine Partnerschaft hätte.* Viele Singles ziehen aus ihrem Erfolg im Job die glücklichen und zufriedenen Momente, die andere aus ihrer Partnerschaft oder Familie ziehen.

Wenn aus dem Single erst mal ein Beziehungsmensch wird und jemand zu Hause sitzt und mit dem warmen Essen auf ihn wartet,

---

* *Quelle: ElitePartner, Singlestudie 2006*

bis er aus dem Büro kommt, dann sind die Zeiten der freiwilligen Überstunden vorbei. Dann versucht man den Chef schnell abzuwimmeln, wenn er kurz vor Feierabend noch mal über das neue Projekt sprechen will. Als Nicht-Single, vielleicht sogar mit Kindern, bekommt das Leben neue Prioritäten. Mit dem Job verdient man dann in der Regel nur noch das Geld für ein gutes Leben mit seinen Liebsten. Und auch wenn man nicht mehr so viele Überstunden macht, kommt das Geld am Ende des Monats aufs Konto. Nur die Sache mit der Beförderung, auf die muss man vielleicht erst mal warten.

Weil Singles sich auch nach Timbuktu versetzen lassen

Nicht nur, dass Singles im Job ohne Murren ein paar Überstunden mehr machen als Beziehungsmenschen, weil sie zwar Verpflichtungen, aber keine Pflichten haben, die sie einigermaßen pünktlich nach Hause treiben, sie sind auch flexibler, was ihren Arbeitsplatz angeht. Oder vielmehr: Sie gehen flexibler damit um, wo sich dieser Arbeitsplatz befindet, Hauptsache, der Job macht Spaß.

Wenn der Chef also überlegt, jemanden für ein wichtiges Projekt ein halbes Jahr nach New York zu schicken, dann meldet sich der Single sofort freiwillig. Eine tolle Stadt, aufregende Menschen, eine große Karrierechance. Und selbst, wenn es nicht von Hamburg nach New York, sondern eher nach Leipzig geht, dann winkt der Single nicht sofort ab: Er weiß, dass er für Erfolg flexibel sein muss. Und er kann es in seiner Lebenssituation ja auch einfach sein: Wenn er nämlich erst mal einen Partner mit gutem Job, aber wenig Lust auf Umzüge hat, oder ein paar süße, strohblonde Kinder, die jeden Tag mit den Nachbarskindern zusammen zur Schule gehen, wird er nicht so einfach seinen Arbeitsplatz ins Ausland verlegen können, selbst wenn er möchte. Dann muss man zunächst große Überzeugungsarbeit leisten, damit der andere seinen gut bezahlten Job aufgibt, und glaubhaft versichern, dass die Kinder auch auf einer Schule, in der nur spanisch oder englisch gesprochen wird, bestimmt schnell neue Freunde finden werden. Der Single hat es da einfacher: Wenn er ins Ausland versetzt werden soll und nicht gerade so lethargisch wie die CDU bei der Steuerreform ist, dann greift er zu seinem Reisepass, packt ein paar Koffer und los geht's. Warum sollte er auch zögern? Der Single muss mit niemandem besprechen, ob dieser Auslandsaufenthalt in den gemeinsamen Lebensplan passt, er muss einfach nur selbst von der Idee begeistert sein.

Weil Singles einen Arbeitsehemann (oder eine Arbeitsehefrau) haben

Nur weil man Single ist, muss das ja nicht heißen, dass man keine Beziehung hat. Denn wenn man bedenkt, dass der Single jeden Tag im Büro mit immer denselben Menschen etwa acht Stunden Zeit verbringt (das sind mehr Stunden, als Beziehungsmenschen täglich wach mit ihrem Partner erleben), könnte man in diesem Fall durchaus auch von einer Beziehung sprechen. Nur ist es eben eine Beziehung ohne Sex – im Normalfall zumindest. Aber ansonsten macht man die nahezu identischen Sachen: Man isst gemeinsam, man redet miteinander, manchmal streitet man sich sogar, weil der Kollege nie den Geschirrspüler in der Küche ausräumt. Erinnert Sie das nicht auch an eine Beziehung?

Man könnte also beinahe sagen, dass der Arbeitskollege für den Single eine Art Ersatzbeziehung ist, denn er ist eine gute Schule dafür, wie man eine echte Beziehung (also die mit Sex) führt. Man lernt, wie man konstruktiv streitet (»Würdest du bitte beim nächsten Mal den Geschirrspüler ausräumen, statt dein Geschirr einfach in die Spüle zu stellen?«). Man lernt aber auch, wie man mit dem anderen schmollen kann, wenn er stattdessen meckert: »Nie räumst du den Geschirrspüler aus, das ist doch nicht so schwer!« Dann wird im gemeinsamen Büro beleidigt geschwiegen, bis man sich entschuldigt – alles wie in einer richtigen Beziehung.

Dank seiner Arbeitsehepartner verlernt der Single nicht, wie man mit anderen Menschen, die einem jeden Tag nahe sind, richtig und respektvoll umgeht. Man akzeptiert, dass der andere mal schlecht drauf ist, man kümmert sich um ihn, wenn er krank ist, und lässt ihn in Ruhe, wenn er gereizt ist.

Weil Singles
am Arbeitsplatz flirten

Wenn man fünf Tage die Woche mehrere Stunden mit immer denselben Menschen in einem unromantischen Bürokomplex eingepfercht ist, ist es kein Wunder, dass zwischen diesen ab und zu mal ein Kribbeln entsteht. Man fühlt sich von dem Charmeur aus dem Controlling so gut verstanden, wenn man über seine Rückenschmerzen klagt, hat der ja auch schon so lange. Und die Perle aus dem Personal geht genauso gern Kitesurfen wie man selbst. Man kennt dieselben Leute, ärgert sich über denselben Mist und lästert gemeinsam über den Chef. Beste Voraussetzungen also, zwischen Kaffeemaschine und Kopierraum auch mal ein paar Komplimente und andere Flirtoffensiven zu starten.

Meine Freundin Katrin etwa hat in ihrem Büro einen Mann sitzen, den sie in einer Bar wahrscheinlich niemals beachten würde (ihr Beuteschema ist groß und dunkelhaarig, der Kollege ist zwar groß, aber sehr blond), der ihr aber bei der dritten gemeinsamen Mittagspause auf wundersame Weise doch sehr sympathisch war. Er hatte eine gelnasse Frisur, dafür aber einen trockenen Humor, über den sie herrlich lachen konnte. Er sprach fließend italienisch, was sie sehr beeindruckte, auch wenn er sonst nicht viel von einem Italiener hatte (außer seiner Gelfrisur natürlich). Katrin trieb sich stets in der Kaffeeküche herum, die neben seinem Büro lag, um ihn zufällig zu treffen, die beiden schickten sich Mails hin und her, in denen es zwar meistens um das gemeinsame Projekt ging, aber in dem mindestens ein Nebensatz auch, huch!, ins Private abrutschte. Jeden Tag saß Katrin deshalb mit einem kleinen Lächeln vor ihrem Computer, jedes Aufpoppen einer E-Mail von seinem Absender verursachte bei ihr Herzrasen. Außerhalb der

Öffnungszeiten des Büros haben die beiden sich jedoch nie getroffen, wahrscheinlich, weil sie das Büro im Kopf auch mit aus dem Gebäude genommen hätten und sowieso nur die ganze Zeit darüber geredet hätten, was für ein riesiger Idiot der Personalchef ist. Und weil Katrin eben bei der Haarfarbe auch nur sehr ungern Abstriche macht.

Aber es reichte ihr schon, dass der Kollege jeden Tag einmal ihr Herz zum Hüpfen brachte. Wie Katrin geht es übrigens mehr als zwei Drittel aller Singles: Alle haben sich schon einmal auf einen kleinen Flirt im Büro eingelassen.* Warum sollte man sich auch nicht auf diese Weise den Arbeitsalltag versüßen lassen?

---

* *Quelle: Friendscout24, 2005*

Weil Singles nicht an
einem ungeliebten Job kleben

Natürlich gilt das nicht pauschal für jeden Job und jeden Single, denn wenn der Single seinen Job liebt, hängt er auch daran. Dann ist er bereit, den täglichen Ärger über den chaotischen und unfähigen Chef herunterzuschlucken und erträgt auch die doofen Kollegen, die viel zu langen Konferenzen und die eigentlich indiskutablen Arbeitszeiten.

Einen richtigen Vorteil hat ein Single also eigentlich erst dann, wenn er seinen Job zwar macht, aber nicht liebt. Wenn er ohne mit der Wimper zu zucken, auch in einem anderen Unternehmen, ja sogar in einer ganz anderen Branche arbeiten würde. Dann erleichtern es ihm die Lebensumstände als Single, einen ungeliebten Job ohne viel Nachdenken und Diskussionen zu kündigen und einen zu machen, in dem man glücklicher ist. Vielleicht sogar einen, in dem man viel mehr Überstunden machen muss und viel weniger Verantwortung hat. Ist ja auch kein Wunder: Der Single trägt nur Verantwortung für sich selbst. Er ist zwar auch Alleinverdiener, aber an seinem Portemonnaie hängen außer seinem eigenen keine weiteren hungrigen Mäuler, die gestopft werden wollen. Er schuftet nicht für das Wohlergehen seiner Familie, sondern nur für sein eigenes – und das hängt nicht ganz unwesentlich mit seiner Zufriedenheit im Job zusammen. Natürlich ist es dem Single auch wichtig, dass Geld aufs Konto kommt, aber es ist ihm genauso wichtig, dass er dafür nicht die restlichen dreißig Tage im Monat kurz vor einem Nervenzusammenbruch steht. Und selbst wenn es in einem anderen Job, in dem er mehr Freude hat, ein bisschen weniger Geld gibt, dann ist das für ihn kein Drama: Eine Person kriegt man schließlich immer irgendwie satt.

Weil Singles nebenbei Karriere machen

Nicht jeder Single hat den Plan, Karriere zu machen, wenn er gerade keine Familie oder Beziehung hat – aber manchmal passiert es ganz nebenbei. Denn solange der Single noch nach einer Person sucht, mit der er den Rest seines Lebens verbringen möchte, diese aber noch nicht gefunden hat, oder solange er noch darüber nachdenkt, ob er sich überhaupt einmal binden will, steckt er seine Zeit und Energie in seinen Job – zumindest, wenn er den gern macht. Und meistens zahlt sich das auch auf dem Karrierebarometer aus.

Der Single meckert nicht bei Überstunden, sondern erträgt auch späte Meetings und Wochenend-Workshops über Arbeitsrecht. Vielmehr noch: Er sieht den Job in Zeiten mit unstetem Privatleben (was nicht bedeutet, dass man keines hat, sondern nur, dass das nicht durchgeplant ist) sogar als Kraft- und Entfaltungsquelle. Wenn einen niemand im Privatleben dafür lobt, wie toll (soll heißen: gerade!) man das neue Wandregal angebracht hat oder wie glücklich man den anderen jeden Tag macht, dann sucht der Single sich eben Anerkennung im Job. Da geht es zwar selten um Wandregale, sondern eher um Zahlen – aber auch dafür gibt es vom Chef ein Lob. Der Einsatz im Job kann einen netten Nebeneffekt haben: Der Chef schätzt einen, traut einem etwas zu und befördert einen – vielleicht sogar, weil er es auch schätzt, dass man überhaupt Single ist. Natürlich kann sich das schnell ändern, trotzdem sind Singles immer noch begehrte Angestellte: Bei frisch verheirateten Frauen dagegen zum Beispiel ist mancher Chef darüber in Sorge, dass kurz nach der Gehaltserhöhung auch der Bauch wächst – nicht wegen des guten Essens, sondern wegen eines Babys. Es klingt nicht nur ungerecht, das ist es auch. Aber das sind Probleme, mit denen sich der Single erst beschäftigt, wenn es bei ihm so weit ist.

KAPITEL 8

Freizeit & Urlaub

Weil Singles außerhalb der Schulferien verreisen

Man darf es nicht unterschätzen: Urlaubsplanung ist bei Singles ein heißes Thema. Natürlich verreisen sie, aber bevor sie buchen, müssen sie eine Menge Dinge klären: Mit wem, wie, wohin und vor allem wann. In letztem Punkt gilt bei Singles (zumindest bei denen ohne schulpflichtige Kinder) vor allem eine Regel: Sie verreisen erst dann, wenn überall in Deutschland (und möglichst auch im Ausland, aber wer hat schon Zeit, alle internationalen Ferienkalender zu studieren?) die Schulferien vorbei sind. Das hat nämlich gleich mehrere Vorteile.

Wenn man zum Beispiel zwischen Sommer- und Herbstferien verreist, hat man in der Regel in den beliebten Ferienorten der Deutschen (heißt: Malle) noch richtig gutes Wetter. Aber man zahlt nur ungefähr die Hälfte von dem, was man in der Hochsaison bezahlen muss, und bekommt auch noch relativ spontan einen Platz im Flieger und ein anständiges Zimmer im Hotel. In den Ferien dagegen steigen die Preise ins Unermessliche, denn leider haben Familien mit schulpflichtigen Kindern keine andere Wahl, als in genau diesen Wochen ein bisschen Sonne zu tanken. Hier kann der Single also wieder mal Geld sparen. Aber viel wichtiger als die Euros, die er dann für neue Schuhe oder den aktuellsten High-Tech-Kram ausgeben kann, sind die Nerven, die er in diesen Urlaubszeiten schont. Nicht, dass der Single etwas gegen Kinder hat, nein, wirklich nicht. Er hat nur etwas gegen Kinder, die mit Anlauf und Gebrüll genau dort in den Pool springen, wo er gerade mit seinem Lieblingsbuch liegt und seine Ruhe haben will. Und er hat auch etwas gegen Kinder, die beim Gala-Dinner des Hotels einen lautstarken Wutanfall bekommen, weil sie übermüdet sind und weil das Fünf-Gänge-Menü zwar lecker ist, aber leider keine Nudeln mit Ketchup (Klein-Paulchens Lieblingsgericht) enthält.

Durch kluge Terminwahl kann der Single diesem Stress und der Einschränkung seiner Erholung ganz einfach entgehen – und das tut er in der Regel auch. Wenn er nicht gerade mit Freunden oder Familienangehörigen verreist, die zufällig ein Kind im schulpflichtigen Alter haben …

Weil Singles keine faulen
Urlaubskompromisse machen

I ch war einmal mit einem Mann zusammen, der die Sonne so mied wie Graf Dracula – nur dass er natürlich besser aussah als der. Er sagte, er leide unter einer schlimmen Sonnenallergie (hieß: er bekam überall hässliche rote Flecken), und immer, wenn hier im Norden mal die Temperaturen in Wohlfühlbereiche gestiegen sind (das tun sie ja zum Glück nicht gerade häufig), schloss er sich in seiner Wohnung ein und kam erst wieder von seiner Fernsehcouch hoch, wenn die Sonne hinter dicken Wolken verschwunden war.

Sie können sich vorstellen, dass ich diesem Mann nicht vorzuschlagen brauchte, im Sommer mal nach Fuerteventura oder im Winter vier Wochen mit dem Rucksack durch Thailand zu reisen. Der einzige Urlaub, den man mit ihm machen konnte, war eine Woche Wellness an der Ostsee (im November) oder eine Städtetour nach London, wo es ja sowieso meistens regnet.

Nun ist das für eine Sonnenanbeterin wie mich nicht immer leicht gewesen: Meine Laune steigt, sobald das Thermometer nach oben geht. Ich liebe es, Kleider, kurze Hosen und große Sonnenbrillen zu kaufen. Und ich liebe es, am Strand zu liegen, meinen iPod auf den Ohren und keine Sorgen im Kopf zu haben. Das ging mit diesem Mann allerdings nicht, denn wenn er sich doch mal zu einem Sommerurlaub hinreißen ließ (natürlich nur, wenn ich im Gegenzug mit ihm im November an die Ostsee fahren würde), hatte ich statt meiner Lieblingsmusik den ganzen Tag sein Gejammer in den Ohren.

Natürlich war ich traurig, als diese Beziehung irgendwann endete (und das hatte nichts mit seiner Sonnenallergie zu tun), andererseits war ich die treibende Kraft. Spätestens im folgenden Sommer erkannte ich wieder die Vorteile der Trennung: Als Single bestimmt man sein Urlaubsprogramm immer selbst. Ob man sonnenbaden oder wandern will, ob man Wellness macht oder Sightseeing. Ob man im Sommer tauchen geht oder im Winter Ski fahren. Ob man in einem All-inclusive-Hotel absteigt oder sich ein Appartement mietet (mit dem Nachteil, dass man dann immer kochen muss). Als Single muss man keine faulen Kompromisse schließen, die am Ende beiden keinen Spaß machen.

Weil Singles ausschlafen können

Wenn sich zwei Partner in wesentlichen Punkten überhaupt nicht ähnlich sind, kann eine Beziehung zwischen ihnen so angenehm sein wie eine Nacht in der Ausnüchterungszelle der Polizei. Das gilt für Auffassungen zum Thema Treue, Interessen, Zukunftspläne. Und auch: Schlafgewohnheiten. Denn immerhin verbringt man knapp ein Drittel seines Lebens damit zu schlafen, da sollte man bei einem gemeinsamen Leben nicht komplett unterschiedliche Ansprüche an die Länge des Schlafes haben. Übersetzt heißt das: Wenn Frühaufsteher auf Langschläfer trifft und wenn der eine schon nach sechs Stunden Schlaf so dynamisch wie ein Flummi ist, der andere jedoch auch nach acht Stunden noch verquollene Augen hat, könnte es ein Problem geben.

Ich hatte diese Situation mit meinem Ex. Ich bin Langschläfer, er stand in der Regel schon mit dem ersten Hahnenschrei auf. Wäre er nun so gnädig gewesen, sich mucksmäuschenstill aus dem Bett zu stehlen, in einen anderen Raum der Wohnung zu fliehen und sich dort zu beschäftigen, bis ich ein paar Stunden später auch langsam die Augen öffne, hätten wir sicher ein deutlich entspannteres Leben zusammen geführt. Da er sich jedoch nach einiger Zeit langweilte und genug Zeit gehabt hatte, einen tollen Plan zu schmieden, was wir im Laufe des Tages noch alles gemeinsam unternehmen könnten, wenn ich erst mal wach wäre, arbeitet er dezent daran, mich zu wecken. Beziehungsweise mehr oder weniger dezent. Die Musik im Wohnzimmer wurde so laut aufgedreht, dass ein Motörhead-Konzert dagegen Fahrstuhlmusik ist. Es wurde ein Hustenanfall vor der Schlafzimmertür vorgetäuscht, im Kleiderschrank wurde nach irgendwas gewühlt, und zu guter Letzt wurde mir zwar ein Kaffee ans Bett serviert, wenn er die Gardinen zur Seite zog und »Aufstehen« flötete, aber mit der Koffeinbombe auch ein Plan für den Rest des Tages. Da ich, wenn ich nicht mindestens acht Stunden Schlaf bekommen habe (am Wochenende auch gern zehn), unausstehlich bin, haben wir es meistens nicht mal durch die Hälfte der Tagesplanung geschafft, bis wir den ersten Streit hatten.

Jetzt, als Single, schlafe ich (zumindest am Wochenende), solange ich möchte. In meiner Wohnung ist es immer ruhig, der Tag beginnt nicht mit Plänen, sondern mit einem Milchkaffee. Ein bisschen schade ist nur, dass ich mir den immer selber machen muss.

Weil Singles den ganzen Tag
im Bett bleiben können

Manchmal lohnt es sich aber auch gar nicht, morgens überhaupt aufzustehen. Wenn das Wetter draußen schlecht ist, regnerisch, trüb und kalt (was ab Oktober in Deutschland ja fast täglich der Fall ist), die Laune im Keller und der Terminkalender leer. Da kann man es sich doch genauso gut im Bett gemütlich machen: nicht duschen, nicht anziehen, dafür futtern, was man will, und den ganzen Tag lesen, telefonieren oder den letzten Mist im Fernsehen gucken. Klingt nach dem perfekten Tag.

Das wird aber spätestens dann schwierig, wenn man nicht mehr allein bestimmt, was man heute macht, sondern noch mindestens eine zweite Person daran beteiligt ist. Denn wenn man als Paar aus der Phase heraus ist, in der man das Bett nur ungern und selten verlässt, kommt die Phase, in der man möglichst viel miteinander unternehmen will, um der Welt zu demonstrieren, wie glücklich man ist. Und um herauszufinden, ob man wirklich glücklich ist und zueinander passt, während man gemeinsam durch den Tierpark schlendert oder gemeinsam in den Bergen wandert. Wenn einer von beiden dann einen Tag erwischt, an dem er eigentlich gar nicht aufstehen möchte, ist der andere genervt. Erst versucht er mit Bitten, den anderen aus dem Bett zu bewegen, irgendwann mit Keifen. Und um des lieben Friedens willen steht der dann auch auf.

Das passiert einem Single nicht: Wenn er sich vor der Welt verstecken will oder keine Lust hat, überhaupt irgendwas von ihr mitzubekommen, dann bleibt er einfach liegen. Es gibt keine Diskussionen, ja, er hat auch nicht mal ein schlechtes Gewissen dabei, einen ganzen Tag mit Nichtstun verschwendet zu haben.

Denn im Grunde genommen, hat er ja auch gar nicht nichts getan, nein, er hat sich ausgeruht. Oder glauben Sie, dass derjenige,
der widerwillig neben seinem Partner durch den Zoo spaziert,
genauso erholt in die neue Arbeitswoche startet?

Weil Singles jeden Tag Fußball gucken können

D as Schöne daran, Single zu sein, ist, dass man sich für die Dinge, die einem wichtig sind, ungefragt so viel Zeit nehmen kann, wie man will: Fußball, zum Beispiel. Wer glaubt, dass es deswegen in Beziehungen nur am Wochenende zu Streit kommen könnte, liegt total daneben (und scheint sich mit dem Thema auch nicht besonders gut auszukennen). Denn theoretisch könnte ein Fußball-Fan an jedem einzelnen Wochentag seinen Lieblingssport im Fernsehen verfolgen. Klar, am Wochenende zwischen Freitagabend und Sonntagabend finden die neun Spiele der Bundesliga statt, da hat man also besonders große Auswahl. Wenn man sein Herz einem besonderen Verein geschenkt hat, lässt man sich mindestens einen dieser Spieltermine von nichts und niemandem ausreden. Im Idealfall erlebt man das Spiel im Stadion (was dann allein wegen An- und Abreise schon viel länger als zwei Stunden dauert), aber auf jeden Fall in einer Sky-Sport-Kneipe, wo man andere Fans und Fußball-Experten trifft. Natürlich will man aber auch nicht die restlichen Ergebnisse des Spieltags verpassen, sind ja schließlich wichtig für die Tabelle, deshalb wird der eingefleischte Fußball-Fan im Zweifel nicht nur das Spiel seines Vereins verfolgen, sondern auch alle anderen.

Am Wochenende könnte man also jeden Tag Bundesliga gucken, das wäre überhaupt kein Problem. Na ja, zumindest ist es für den Fan kein Problem, für seine bessere Hälfte in der Regel schon: Wenn man statt romantischen Spaziergängen im Wald nur zusammen vor der Glotze hängt, wenn man statt seiner Lippen nur den Fanschal von Schatzi im Gesicht hat oder (noch schlimmer!) wenn Schatzi sowieso lieber ohne die bessere Hälfte Fußball gucken will, dann kann es schon mal unangenehm werden.

Irgendwann fällt dann meistens der Satz: Ist dir Fußball eigentlich wichtiger als ich?

Natürlich ist er das nicht, deswegen wird der Nicht-Single seinen Fußball-Konsum gnädigerweise etwas herunterschrauben. Der Single dagegen guckt nicht nur alle Bundesliga-Spiele am Wochenende, zumindest, wenn er sich für Fussi interessiert und nichts anderes vorhat, nein, er kann auch in der Woche noch interessante Spiele gucken. Am Montag zum Beispiel laufen die Spiele der zweiten Liga, ist ja auch interessant zu sehen, wer vielleicht den Aufstieg schafft. Am Dienstag und Mittwoch kicken alle paar Wochen die Teams gegeneinander, die in der Champions League spielen (also die Bayern). Am Donnerstag läuft die Europaliga – und zwischendurch kann man sich auch noch den DFB-Pokal ansehen. Der Single lebt im Fußball-Himmel!

Weil Singles kein Interesse an
fremden Hobbys heucheln müssen

Mein Exfreund war Musiker. Nicht hauptberuflich (obwohl er davon insgeheim sicher träumte), sondern hobbymäßig. Er spielte Schlagzeug in einer Band, deren Musik mich immer stark an einen Besuch im Sägewerk erinnerte. Er traf sich »mit den Jungs« zwei- bis dreimal die Woche in der Scheune eines abgelegenen Bauernhofs, die als Proberaum diente (was angesichts der Lautstärke sicher angemessen war), und alle drei Monate traten sie mit ihrer Band sogar in kleinen Clubs auf.

Ich bin zwar musikalisch – würde ich behaupten, mein Ex wahrscheinlich nicht –, aber eben eher auf Chartebene: Ich kann im Radio ein paar Lieder mitsingen, habe fünf Playlisten mit Lieblingsliedern auf meinem iPod und kann »More than words« von Extreme auf der Gitarre spielen (alle unter 20 kennen dieses Lied wahrscheinlich nicht mehr). Dennoch wurde ich mit seiner Musik nie richtig warm – was oft zu handfesten Streiten führte. Vor allem dann, wenn er eine Verabredung mit mir kurzfristig absagte, weil er »und die Jungs« gerade an einem neuen Song arbeiten würden, und ich daraufhin Schnappatmung bekam. Ich würde ihn nicht verstehen, sagte er dann. Die Musik sei wichtiger als ich, jammerte ich. Unsere Interessen waren in diesem Fall einfach nicht kompatibel.

Als Paar muss man zwar nicht alle Hobbys gemeinsam betreiben (das hätte ja auch etwas von Windbreaker-Jacken im Doppelpack), man muss sich jedoch einen gewissen Grad an Verständnis, Wissen und Interesse abringen, um die Freude und das Leid seiner besseren Hälfte zu verstehen. Und das kann bedeuten, dass man am Samstagabend zum Auftritt seiner Band geht, auch wenn man sich dabei Ohropax reinsteckt. Oder dass man den anderen in Ruhe lässt, wenn dessen Verein verloren und er deshalb schlechte Laune hat. Oder dass man am Sonntagmittag die Musik von »Das Phantom der Oper« im CD-Player duldet, auch wenn man selbst lieber den Oldie-Sender anstellen würde.

Seit ich Single bin, war ich nie wieder auf einem Rockkonzert – und um Musiker habe ich einen großen Bogen gemacht. Nicht, weil ich die nicht wahnsinnig sexy fände, sondern weil die eben nicht zu mir passen. Und weil ich keine Lust habe, Verständnis für etwas zu heucheln, das mir so fremd ist wie Taekwondo. Der Single kann mit Hobby-Scheuklappen durch die Welt gehen. Er hat ein paar eigene Interessen, die er gerne, intensiv und mit zeitlichem Aufwand auslebt. Und vielleicht interessiert er sich sogar noch für ein paar Dinge, die ihn zwar immer schon gereizt haben, die er aber noch nie selbst ausprobiert hat. Aber er belastet seinen Kopf nicht mit anderen Dingen, die ihm erstens völlig fremd und zweitens vollkommen egal sind. So wie vielleicht Ballett, Dokumentationen über den Ersten Weltkrieg, Geocaching, Wandern, Rennradfahren oder eben einfach Rockmusik …

Weil Single-Frauen keinen
meckernden Beifahrer chauffieren

F rau am Steuer, Ungeheuer« sagen immer noch viele Männer – obwohl Studien mittlerweile längst bewiesen haben, dass Frauen die besseren Autofahrer sind. Etwa diese hier: Der ACE Auto Club Europa hat herausgefunden, dass nur knapp jeder fünfte Verkehrssünder in Flensburg weiblich ist. Trotzdem hält sich hartnäckig das Gerücht, dass Männer am Steuer eine bessere Performance abliefern – und wahrscheinlich ist das auch der Grund, warum bei gemeinsamen Ausflügen der Mann am Steuer sitzt und die Frau meistens zur Beifahrerin degradiert wird. Dann darf sie die Musik aussuchen, das Navi bedienen (oder in weniger modernen Fahrgemeinschaften: die Straßenkarte lesen) und dem Fahrer Häppchen und Trinkflaschen erst öffnen und dann servieren. Aber sie darf eben nicht selbst fahren. Nur in Ausnahmefällen ist das mal anders: Etwa wenn man zusammen zu einer Party fährt und der Mann trinken will. Oder wenn er allein zur Betriebsweihnachtsfeier geht und sie ihn spätnachts abholt.

Doch wenn die Frau dann am Steuer sitzt, entwickelt sich der Mann neben ihr zum Beifahrer-Tyrannen, der mit der Fahrweise seiner Fahrerin so zufrieden ist wie Michael Schumacher mit seinen Ergebnissen in der Formel-1-Saison 2010. Gibt sie Gas, klammert er sich am Türgriff fest, als würde sie gleich abheben. Bremst sie, bremst er panisch mit (mit dem Fuß, aber ohne Pedal). Will sie die Spur wechseln, guckt er per Schulterblick, ob auch wirklich kein Auto kommt. Dazu kommen dann noch seine unnötigen Kommentare »Willst du nicht mal hochschalten?« oder »Wenn du hier schon rechts abgebogen wärst, hätten wir ein paar Minuten gespart«. Kein Wunder also, dass Frauen lieber selbst auf dem Beifahrersitz Platz nehmen, wenn der Mann mit im Auto sitzt. Denn so eine Fahrt macht selbst Frauen, die wissen, dass sie sehr gut Auto fahren, nur bedingt Spaß.

Single-Frauen haben da gar keine andere Wahl: Sie steigen (außer im Taxi) immer auf den Fahrersitz. Ob sie nun die Eltern besuchen, die 200 Kilometer weit weg wohnen, oder nur im Supermarkt um die Ecke zwei Kisten Bier besorgen wollen: Sie fahren jede Tour selbst. Dabei bestimmen sie, welchen Weg sie fahren, welchen Radiosender sie hören und niemand bremst und guckt mit und keiner gibt Ratschläge, welches der beste Weg sein könnte. Außer der Stimme aus dem Navigationssystem, aber die ist erstens freundlich und zweitens weiblich.

Weil Singles spontaner sind

Wenn ich andere Singles gefragt habe, welches ihrer Meinung nach der größte Vorteil am Single-Leben ist, wurde ziemlich häufig gesagt, dass Singles in allem, was sie tun, spontaner sein können.

Eine Leserin meiner Kolumne schrieb mir, dass sie eines Freitagabends mit ihren Freundinnen in ihrer Küche saß, Prosecco trank und aus dem Fenster schaute. Draußen prasselte der Regen herunter und färbte die ganze Stadt in ein trübes Grau. Genauso grau war auch die Stimmung der Frauen (zumindest als langsam der Alkohol ausging), denn schließlich war August und im August denkt man an Röcke statt Regenschirme. Aus dem Frust heraus sagte die Leserin zu ihren Freundinnen: »Wir sollten einfach zum Flughafen fahren und einen Flieger in die Sonne besteigen. Mallorca zum Beispiel!« Und genauso machten sie es: Sie buchten noch am selben Abend im Internet, fuhren am nächsten Morgen mit leichtem Handgepäck zum Flughafen, schwänzten drei Tage die Uni und ließen sich in El Arenal die Sonne auf den Bauch scheinen.

Natürlich kann man als Single auch nicht immer so mir nichts, dir nichts für ein paar Tage wegfliegen, schließlich haben wir ja Jobs, Termine und Verpflichtungen. Aber manche Dinge entscheidet man als Single einfach schneller und spontaner. Schließlich müssen sich Singles nur nach ihrem eigenen Terminkalender richten und können ganz allein über ihre Zeit verfügen. Wenn am Samstagnachmittag plötzlich noch eine Karte für das Konzert der Lieblingsband am Abend auftaucht, zögert der Single nicht lange, sondern greift zu. Niemand erwartet schließlich, dass man die Wochenenden gemeinsam verbringt. Nichts anderes ist wichtiger als das eigene Vergnügen. Der Single kauft sich auch spontan einen großen und eigentlich viel zu teuren Fernseher, wenn abends endlich der tolle Actionstreifen mit den vielen Special Effects läuft, auf den man sich schon so lange gefreut hat. Da wird vorher nicht lange beraten und überlegt, ob man wirklich einen neuen und vor allem so großen Fernseher braucht. Singles haben zwar auch Pläne für ihre Tage und Nächte und Sparpläne gegen die Altersarmut, aber nur wenige von denen sind so verbindlich und wichtig, dass sie nicht einmal umgeworfen werden können ...

Weil Singles im Kino noch knutschen

Wenn ich mal ein Date habe, dann kann ich anhand des Rahmenprogramms, das der Mann sich dafür überlegt hat, schon seine Absichten einigermaßen erahnen. Wenn ein Mann unser erstes Date in seine Mittagspause legt, weiß ich, dass er sich nicht mehr sicher ist, ob ich wirklich so nett bin, wie ich morgens um zwei in der Bar gewirkt habe. Er will die Zeit, das herauszufinden, von vornherein begrenzen, um mich im Falle, dass ich eine hässliche und durchgeknallt Irre bin (bin ich natürlich nicht), nach einer Anstandsstunde wieder abzuservieren. Wenn ein Mann sich mit mir beim zweiten Date zum Abendessen trifft, weiß ich, dass er mich zumindest beim ersten Date nicht ganz mies fand und durchaus auch länger als eine Stunde mit mir verbringen möchte. Und wenn ich zum dritten Date ins Kino eingeladen werde, weiß ich, dass der Typ knutschen will.

Denn mal ernsthaft: Warum sonst sollte man mit einer Person, die man bisher kaum kennt und erst kennenlernen möchte, in einen Raum voller Menschen gehen, der abgedunkelt ist und in dem man sich besser nicht die ganze Zeit unterhalten sollte, weil man sonst mit Popcorn beworfen wird? Wenn der Single sich also im Rahmen eines Dates auf einen Kinobesuch einlässt, ist klar, dass spätestens in der Mitte des Filmes geknutscht wird. Die Dunkelheit, die Zweisamkeit (auch wenn noch 50 andere um einen herumsitzen), eine romantische Komödie, bei der man sowieso nichts verpasst – da gehören Küsse zum Standardprogramm.

Paare haben diese Phase schon lange hinter sich, sie küssen sich ohnehin viel weniger, zumindest, wenn sie schon ein paar Monate zusammen sind. Und Paare knutschen leider auch im Kino nicht mehr, nein, sie gehen ins Kino, weil sie wirklich den Film sehen wollen. Weil sie sich vorgenommen haben, mal wieder gemeinsam etwas zu unternehmen und nicht immer in Schluffiklamotten nebeneinander auf der Couch zu versacken. Das Gute daran: Sie können dem befreundeten Single später erzählen, wie der Film ausgegangen ist, zumindest falls sie den gleichen gesehen haben. Denn das kriegt der Single im Kino leider nicht mehr mit ...

Weil Singles mit ihrem Kater allein sind

Man kann es nicht abstreiten: Der Tag nach einer langen Partynacht ist hart, zumindest, wenn Alkohol im Spiel war. Man hat Kopfschmerzen, die Zunge liegt wie Löschpapier im Mund, trocken und schwer. Irgendwie begleitet einen die ganze Zeit ein leichtes Gefühl von Übelkeit und der unschöne Verdacht, dass man sich böse danebenbenommen hat, als man zu »Highway to Hell« Luftgitarre auf dem Tresen der Cocktailbar spielte. An solchen Katertagen schwört man sich, dass man nie wieder trinken wird (oder zumindest bis zum nächsten Wochenende nicht) und will den Rest des Tages nur noch irgendwie überleben, bis es einem am nächsten Morgen wieder besser geht.

Als Single ist das Überleben eines solchen Tages leider ein wenig unbequem. Man muss sich jedes Mal selbst aus dem Bett oder von der Couch erheben, wenn man eine Kopfschmerztablette oder ein Kühlpack für die Stirn braucht. Und man muss sich auch selbst einen Kamillentee, ein salziges Spiegelei oder ein Toast mit Butter und Salz zubereiten, wenn man dringend etwas Deftiges futtern oder etwas Magenberuhigendes trinken will. Aber damit kommt der Single klar, das kennt er ja auch schon von den Tagen, an denen er wirklich krank war und nicht nur verkatert. Das Gute daran, in diesem Zustand Single zu sein, ist, dass man sich nicht von anderen Menschen nerven lassen muss (und eigentlich ist jeder Mensch außerhalb der Fernsehmattscheibe eine Belästigung für seine Nerven). Mit einem Kater will man nicht reden, denn das ist viel zu anstrengend. Man will nicht gefragt werden, wo man war und mit wem und was man alles getrunken hat, denn schon bei dem Gedanken an die Drinks vom Vorabend unternimmt der Magen wieder eine Seefahrt bei

Sturmflut. Man will nicht das Gefühl haben, dass man nicht nur seinen eigenen Tag komplett lahmgelegt hat durch den Absturz (aber damit kann man eigentlich ganz gut leben), sondern auch einem anderen den ganzen Tag versaut hat. Denn der hatte sich ja vielleicht schöne gemeinsame Aktivitäten ausgemalt – und das Einzige, was er mit dem Katerleidenden jetzt gemeinsam hat, ist verdammt miese Laune.

Weil Singles mit ihrem Kater schmusen

Mein Freund Markus behauptet zwar immer, dass er um Sing-leFrauen, die sich eine Katze zulegen, einen großen Bogen macht, weil die, nun ja, wunderlich seien – aber Markus ist ja auch nicht das Sprachrohr aller Singles. Ein Haustier hat für einen Single (neben der Tatsache, dass sie von Markus nicht angebaggert werden) nämlich einen Haufen Vorteile: Er ist nie allein. Denn ja, manchmal stört es Singles sogar, dass es in ihrer Wohnung so still ist, dass man den Regen an die Fenster prasseln hört. Dass niemand ungeduldig hinter der Tür wartet, bis man seinen Schlüssel ins Schloss steckt und einen Fuß über die Schwelle setzt.

Ein Haustier (zumindest, wenn es nicht gerade ein Hamster, ein Vogel oder ein Zwergkaninchen ist) führt einen regelrechten Freudentanz auf, wenn sein Herrchen (oder Frauchen) wieder nach Hause kommt, erspart einem aber im Gegensatz zu einem Menschen unangenehme Fragen (Wo warst du? Mit wem? Warum ist es so spät?). Auch schön: Der Single wird von seinem Haustier über alles vergöttert. HundKatzeMaus folgen ihm auf Schritt und Tritt, lecken ihm die Finger ab, legen sich auf seinen Schoß und sind einfach glücklich, dass Herrchen (oder Frauchen) da sind. Besser wäre es nur noch, wenn Herrchen (oder Frauchen) noch eine Scheibe Wurst in der Tasche hat. Und auch für Herrchen (oder Frauchen) ist es wahnsinnig beruhigend, wenn HundKatze-Maus neben ihm auf der Couch liegen und man den Atem des Tieres leise hört. Dann fühlt sich der Single in bester Gesellschaft.

Aber ein Haustier bedeutet eben auch, dass der Single Verant-wortung übernimmt und Rücksicht übt – eine durchaus schwie-rige Angelegenheit für einen so freiheitsliebenden Menschen wie den Single, aber ein gutes Training. Denn natürlich kann der Single als Haustierbesitzer nicht tagelang einfach durch die Kneipen ziehen, in fremden Betten landen und bleiben und erst nach Hause kommen, wenn zum dritten Mal die Sonne aufgeht – denn ein Haustier braucht Futter, vielleicht einen Spaziergang und eine streichelnde Hand.

Ja, man ist mit einem Haustier nicht mehr so einsam und man hat mit ihm die Lizenz zum Kuscheln – toll. Aber Vorsicht: Man beschneidet eben auch seine Unabhängigkeit um ein großes Stück. Oder was soll man mit Hasso machen, wenn man mal ein Wochenende spontan nach London fliegen will?

Weil Singles im Fitnessstudio trainieren – und flirten

Eigentlich geht der Single ja ins Fitnessstudio, um seinen Körper in Form zu halten und bei einem Flirt an anderer Stelle eine passable Figur zu machen.

Auf einen Flirt im Fitnessstudio hat er es nicht in erster Linie abgesehen – man macht ja auch nicht unbedingt die beste Figur da. Man bewegt sich auf dem Laufband keinen Zentimeter von der Stelle, versucht ein paar Hanteln zu stemmen (erfolglos) oder nimmt an Bauch-Beine-Po-Kursen in einem Raum teil, der eine sehr große Fensterscheibe zur Straße hat. Man hat Schweißflecken an nicht gerade schmeichelhaften Stellen, man wird nach 20 Minuten auf dem Crosstrainer so knallrot im Gesicht, dass eine Tomate dagegen leichenblass ist. Und man sitzt/liegt/steht (gerade wenn man die Bein- und Pomuskulatur trainiert) oft in entwürdigenden Posen an den Kraftgeräten.

Objektiv betrachtet ist das Fitnessstudio also kein besonders guter Ort zum Flirten – trotzdem passiert es dem Single sogar relativ häufig. Wahrscheinlich weil er dort auch eine Menge seiner Zeit verbringt, und zwar zu Zeiten, in denen Beziehungs- und Familienmenschen ein Fitnessstudio nur selten von innen sehen. Am Sonntagabend etwa oder zur »Sesamstraße«-Zeit. Trifft der Single nun bei seinen ausgedehnten Besuchen zu diesen Zeiten immer wieder dieselben Leute, kann er davon ausgehen, dass diese auch Singles sind – oder aber in einer Beziehung leben, in der sie sich vor allem darum bemühen, möglichst wenig zu Hause zu sein. Zwischen Hantelbank und Beinpresse trifft man also im Zweifel auf viele gut gebaute Frauen und Männer – da muss man doch nur mal rüberlächeln …

Weil Singles unter der Dusche singen
(und sonst überall)

Haben Sie schon mal jemandem zugehört, der seinen MP3-Player auf den Ohren hatte und dabei lauthals mitgesungen hat? In den meisten Fällen ist es ein Ding der Unmöglichkeit, überhaupt herauszubekommen, welches Lied er gerade mitsingt, oder sagen wir besser: verunstaltet. Denn es ist nun mal nicht jeder ein geborener Pavarotti oder eine Netrebko, aber fast jeder hat Spaß am Singen – vor allem, weil es laut Studien glücklich und gesund macht.

Natürlich geht nicht jeder gleich in einen Chor, vor allem deshalb, weil den meisten Chören noch ein muffiges Image anhängt. Aber trotzdem singt nahezu jeder. Morgens unter der Dusche, wenn das Wasser langsam die Lebensgeister weckt und im Radio ein Hit aus der Jugend gespielt wird. Oder im Auto, während man selbst im Geschwindigkeitsrausch und im Player gerade die Lieblings-CD steckt.

Ob er nun Talent fürs Singen hat oder eher wie einer klingt, der bei DSDS auf keinen Fall in den Recall kommt, kann dem Single herzlich egal sein – und ist es meistens auch. Egal, wie schief die Töne sind, ob er den Text kennt oder einfach irgendwas singt, was sich so ähnlich anhört, er ist voller Inbrunst und fühlt nie auch nur den Hauch von Scham dabei, denn niemand hört ihm dabei zu (Wichtig: Überprüfen Sie immer, ob nicht aus Versehen ein Fenster offen steht!).

Der Nicht-Single dagegen traut sich in den ersten Monaten seiner frischen Beziehung noch nicht, dem anderen gleich seine sämtlichen guten (oder schlechten) Eigenschaften zu zeigen, und wird das Singen zunächst eher lassen. Und wenn er es später wieder aufnimmt, kann es durchaus sein, dass der Partner ihn dann darauf hinweist, dass er kein Pavarotti ist. Dass er demonstrativ die Badezimmertür schließt, wenn er dort wieder seine eigene, sehr eigenwillige Interpretation von »I will survive« anstimmt. Wie auch immer der Partner den Protest gegen die Sangeskunst des Liebsten äußert: Es versaut dem Nicht-Single die Freude daran.

KAPITEL 9

Essen & Trinken

Weil Singles nur kochen,
wenn (und worauf) sie Lust haben

Unter Singles gibt es zwei Glaubensrichtungen: diejenigen, die der Meinung sind, dass Kochen für eine Person viel zu aufwendig und vollkommen unnötig ist, und es deshalb gleich bleiben lassen. Es gibt ja so viele andere gute Möglichkeiten, satt zu werden, ohne selbst am Herd zu stehen! Und dann gibt es noch die, die es als Luxus empfinden, für sich selbst zu kochen, und sich für diesen Luxus auch gern Zeit nehmen. In der Regel besitzt diese Gruppe von Singles allerdings auch Geschirrspüler, denn dann müssen sie hinterher die Töpfe, Teller, Pfannen und Bestecke, die sie schmutzig gemacht haben, nicht noch per Hand abwaschen.

Ich gehöre eindeutig zu der Fraktion von Singles, die sich nur dann ein richtiges Essen (also etwas, das man nicht nur aufwärmen muss) kochen, wenn alle Restaurants und Lieferservices der Stadt geschlossen haben oder ich in meiner Wohnung eingeschneit bin. Kochen ist mir viel zu anstrengend: Ich muss dafür Dinge einkaufen, die ich vorher noch nie gegessen (geschweige denn eingekauft) habe und deren Reste ich wahrscheinlich auch niemals aufessen, sondern im Müll entsorgen werde. Und Reste hat man als Singles eigentlich immer übrig, schließlich braucht man immer nur eine kleine Portion aus einer riesigen Packung. Hat der Single diese Einkaufshürde erst mal genommen, steht er beim Kochen stundenlang in der Küche (auch bei den ganz leichten Dingen, zumindest wenn man das Kochen so großartig beherrscht wie ich). Man hat mindestens zwei bis drei Töpfe auf dem Herd stehen und gerät ins Rotieren, wenn im Kochbuch steht, dass man irgendwas »dünsten« oder »pochieren« soll.

Viel Aufwand also, den man betreibt, um satt zu werden – und dann hat man innerhalb von zehn Minuten alles aufgefuttert. Und niemand sagt einem, wie toll das geschmeckt hat, was man gerade buchstäblich eingeatmet hat. Ziemlich frustrierend, wenn Sie mich fragen.

Ein Glück also, dass der Single niemals kochen *muss*, sondern kochen *kann*, wenn er Lust darauf hat. Niemand erwartet, dass das Essen am Abend auf dem Tisch steht. Besser noch: Niemand erwartet, dass ein Krustenbraten (oder ein anderes Lieblingsgericht) auf dem Tisch steht. Denn der Single kann selbst entscheiden, was er kocht. Auf jeden Fall macht er keinen Krustenbraten, wenn er eigentlich Appetit auf Spaghetti bolognese hat …

Weil Singles »Luigi, wie immer« bestellen

Auch wenn manche Singles keine Lust haben, sich stunden-lang in die Küche zu stellen, nur um für eine Person etwas zu kochen – verhungern tun sie natürlich trotzdem nicht. Denn Singles kennen vielleicht keine Rezepte, aber sie kennen ein paar Orte, Adressen und Telefonnummern, wo sie garantiert immer satt werden. Auch wenn jeden Tag neue Prospekte von Lieferser-vices in ihrem Briefkasten landen, Singles haben auch Gewohn-heiten: Beim Sushi-Bringservice bestellen sie immer die Nummer 51. Wenn sie Lust auf chinesisches Essen haben, dann gibt es die gebackene Ente mit Mango von Don Wang, beim Italiener wählen sie die Nummer 128, allerdings ohne Artischocken, und im Croque-Laden nehmen sie immer einen halben Monsieur. Das Gute daran: Sie wissen genau, dass das, was sie bekommen, ganz sicher lecker ist – aber es kostet sie nicht mehr Zeit und Mühe als ein Telefonat.

Natürlich geht der Single zum Essen auch mal aus, schließlich ist er mit seinem Geld nicht knauserig (siehe Grund 66). Aber auch dann ist der Single in der Regel nicht unvorbereitet: Er hat eine Handvoll Restaurants, in die er allein gehen kann, wo er sich aber niemals allein fühlt. In denen die Kellner ihm schon an der Tür die Hand schütteln und gar nicht mehr fragen, ob er einen Tisch für zwei braucht. In denen er gar nicht mehr in die Karte gucken muss, weil er weiß, dass zwar alles schmeckt, aber er sowieso immer dasselbe isst. In dem er zum Kellner nur noch sagt: »Luigi, wie immer.« Und Luigi weiß genau, wie der Single seine Nudeln am liebsten isst. Fast wie in einer Beziehung, in der man einander schon ohne große Worte versteht und weiß, was der andere mag und was nicht. Das Gute daran ist, dass der

Single in dieser Beziehung jedoch einfach auch mal sagen kann: »Luigi, heute sind die Nudeln aber verkocht.« Und Luigi wird nicht beleidigt sein, sondern schnell ein paar neue besorgen. Versuchen Sie das mal in einer Beziehung ...

Weil Singles jederzeit Knoblauch essen können

Dieser Punkt hat eigentlich zwei Seiten. Einerseits können Singles natürlich immer Knoblauch essen, wenn sie wollen, denn nachts liegt ja niemand neben ihnen, der sich darüber beschwert, dass man riecht wie der Friedhofswärter Geiermeier aus »Der kleine Vampir«. Der hat sich immer mit der stinkenden Zehe behängt, um bei seiner Vampirjagd den Vampiren nicht selbst zum Opfer zu fallen. Dem Single droht nachts in der Regel kein Kussboykott, weil er bei der Aioli kräftig zugelangt hat, oder eine Nacht auf der Couch, weil er nicht Spaghetti bolognese, sondern Aglio e Olio bestellt hat. Weil viele Gerichte mit Knoblauch aber nun mal besser schmecken, machen sich Singles keine weiteren Gedanken, wenn sie dabei kräftig zulangen. Warum auch?

Andererseits: Auch wenn Singles zwar theoretisch täglich Knoblauch essen könnten, tun sie es nicht. Oder zumindest überlegen sie erst mal, ob sie sich heute eine Knoblauchfahne leisten können. Denn Singles haben zwar vielleicht keinen Partner, der sich nachts beschweren kann, aber Pläne für den Abend. Und sie wollen nicht unbedingt bei ihren Streifzügen durch die Kneipen von anderen Menschen gemieden werden, weil die schon bei einer Unterhaltung, bei der beide die Köpfe zusammenstecken, wegen des Knoblauchgeruchs in Ohnmacht fallen. Und vielleicht hofft der Single sogar noch darauf, dass er am Abend einen kleinen Gutenachtkuss von einer neuen Bekanntschaft bekommt, auch dann wird er sich vorher tunlichst überlegen, ob er diese kleine Möglichkeit wirklich gefährden will, nur, weil er vorher unbedingt Zaziki essen musste.

Theoretisch stimmt es also: Der Single könnte immer Knoblauch essen. Aber er tut es nicht immer, aber nicht, weil es irgendein anderer von ihm verlangt – sondern weil er sich vorher gut überlegt, ob ihm der Knoblauch eventuell den Rest des Abends oder den nächsten Tag versauen könnte.

**Weil bei Singles niemand im Essen
herumstochert, um »zu probieren«**

Es ist ein typisches Verhalten von Frauen: Wenn sie mit ihrem
Partner ins Restaurant gehen, brauchen sie Ewigkeiten, bis sie
wissen, was sie bestellen. Und in den meisten Fällen ist das, was
sie am Ende bestellen, gar nicht das, worauf sie eigentlich Appetit
haben, sondern nur ein magerer Kompromiss. Sie bestellen zum
Beispiel einen schönen grünen Salat mit einem leichten Balsami-
co-Dressing, aber nicht, weil sie schon den ganzen Tag von einem
Salat träumen, sondern weil sie morgens auf der Waage standen.
Und weil deren Zeiger plötzlich in Dimensionen abglitten, die zu
einem lauten Schlucken und zu hysterischem Jammern geführt
haben – und zu dem Entschluss, von nun an nichts mehr zu essen, was auch nur ansatzweise Fett enthalten könnte. Eigentlich
würden diese Frauen statt dem Salat viel lieber ein paar schöne
Nudeln in Sahnesauce, eine Pizza mit allem darauf, was das Herz
begehrt, oder einen Auflauf mit ordentlich Käse darauf verzehren.
Der Salat ist nur die vernünftigste Lösung.

Wenn ihr nun der Salat serviert wird, aber die männliche
Begleitung sich eines von diesen, nun ja, deftigen Gerichten
bestellt hat, kann er mit nahezu hundertprozentiger Sicherheit
davon ausgehen, dass die Frau noch vor dem dritten verzehrten
Salatblatt mit ihrer Gabel in seinem Essen herumstochert.

Sie hat so neidisch und ausgehungert nach seinem Essen ge-
schielt, dass er nämlich gar nicht anders konnte, als ihr anzubie-
ten, ruhig einmal zu probieren. Aus probieren wird dann plötzlich
mitfuttern (als ob das die Kalorien davon abhalten würde, sich
auf den Hüften der Frau festzusetzen) – und am Ende ist er nicht
satt, weil sie ihm alles weggefuttert hat, und sie schlecht gelaunt,

weil die Waage am nächsten Morgen wieder gemein zu ihr sein wird.

Der Single dagegen isst das, was er bestellt – und zwar allein. Was nicht daran liegt, dass er immer allein essen geht, das tut er nämlich nicht. Aber er teilt mit Freunden zwar einen Tisch im Restaurant, aber nicht das Bett, und ist deshalb auch nicht verpflichtet, sein Essen mit ihnen zu teilen (was in einer Beziehung oft stillschweigend erwartet wird). Als Single hat man nur eine einzige Gabel im Essen, die eigene. Und mit der langt man so lange zu, bis man satt ist.

Weil Singles vor dem Fernseher essen

Der Single hat beim Essen gleich mehrere Freiheiten: Er kann essen, was er will und wann. Er kann mit offenem Mund kauen und den Kopf zur Gabel führen statt andersherum. Er kann dabei ein Buch lesen oder eine Zeitung – oder er kann sich einfach vor den Fernseher setzen. Bei Paaren (beziehungsweise Familien) wird das Essen oft zum gemeinsamen Ritual erklärt: Man trifft sich zu einer festen Zeit am Küchentisch, man unterhält sich, tauscht sich darüber aus, wie der Tag war, man lobt denjenigen, der gekocht hat (auch wenn das Essen gar nicht schmeckt), räumt am Ende gemeinsam den Tisch ab und wäscht gemeinsam ab, falls man keinen Geschirrspüler besitzt. Ansonsten räumt man zumindest gemeinsam den Geschirrspüler ein. Essen ist nicht nur schnöde Nahrungsaufnahme, sondern ein gemeinschaftlicher Akt.

Der Single dagegen betrachtet Essen in erster Linie als Mittel gegen das Verhungern, für ihn ist es kein Ritual, sondern lebensnotwendig. Deshalb legt er auch weniger Wert auf die Rahmenbedingungen: Er deckt nicht liebevoll den Tisch oder zündet sich Kerzen an (zumindest nicht, wenn er allein isst), nein, er stimmt das Essen ideal auf seine derzeitigen Aktivitäten ab. Wenn er also gerade vor dem Fernseher sitzt und seine Lieblingsserie im Fernsehen läuft, und dann auch noch der Hunger dazukommt, dann stürmt er in der Werbepause in die Küche, um sich ein Brot zu schmieren oder die Tiefkühlpizza aus dem Backofen zu nehmen. Pünktlich zum Ende der Pause sitzt er mit Brot oder Pizza auf dem Teller wieder auf der Couch. Er beißt herzhaft hinein, aber sein Blick bleibt an der Mattscheibe kleben. Und niemand will in diesem Moment von ihm wissen, wie sein Tag war oder ob das Brot noch frisch schmeckt.

Weil Singles nie einen Einkaufszettel schreiben

So spontan und überraschend wie das Leben des Singles selbst, so ist auch seine Ernährung: Man wird selten einen Single erleben, der einen Wocheneinkauf erledigt und dabei schon einen Plan im Hinterkopf hat, was es an den Abenden der folgenden Woche zu essen gibt. Der Single könnte das auch gar nicht planen, denn sein Leben ist viel zu unvorhersehbar. Manchmal geht er spontan nach der Arbeit essen, mal arbeitet er so lange, dass er sich mit Kollegen eine Pizza ins Büro bestellt, manchmal hat er auch gar keinen Hunger. Wenn der Single also überhaupt mal einen Wocheneinkauf macht, dann besorgt er nur allgemeine Gebrauchsgegenstände wie Toilettenpapier, Milch, Wasch- oder Kaffeepulver. Seine restlichen Einkaufstouren erledigt der Single ohne Plan und erst recht ohne Einkaufszettel.

Man erkennt einen Single bereits daran, wie er sich im Supermarkt verhält. Statt einem Einkaufswagen hat er meistens nur einen dieser kleinen Körbe, denn für die kleinen Mengen, die er benötigt, muss er nicht erst einen Wagen besorgen. Er hat in seinem Korb nie Großpackungen, sondern immer das Kleinste, was davon im Regal steht, denn er braucht ja nicht so viel. Also zum Beispiel die kleine Dose Champignons, nur einen Sechserpack Eier und den Frischkäse in der praktischen Einzelverpackung. Er hetzt nie durch die Gänge mit einem klaren Ziel (»Ich muss noch an die Fleischtheke, morgen gibt es Schnitzel«), sondern schlendert. Denn der Single lässt sich von seinem Appetit steuern und nicht von irgendwelchen Essenplänen, die ein anderer aufgestellt hat. Der Single ist ein Lustkäufer, einer ohne Plan, denn der beste Plan ist für den Single immer der, den das Leben in dieser Sekunde macht. Deshalb hat er auch keinen Einkaufszettel. Denn der Single muss sich ja auch nicht merken, ob der andere den Joghurt lieber in der Geschmacksrichtung Erdbeer oder Maracuja möchte und ob das Shampoo für feines, sprödes oder coloriertes Haar sein soll.

Weil im Single-Kühlschrank immer
Prosecco und Bier stehen

Gerade weil der Single ein Einkäufer ohne Zettel und ohne Plan ist, kann es durchaus auch mal vorkommen, dass in seinem Kühlschrank gähnende Leere herrscht. Das ist für den Single kein Grund zum Jammern, denn dann bestellt er sich eben etwas beim Lieferservice oder geht essen. Doch einige Dinge gehen dem Single-Kühlschrank niemals aus: Alkoholische Drinks gehören auf jeden Fall dazu.

Denn der Single weiß nie, wann seine Freunde vor der Tür stehen und mit ihm zusammen bei der »Sportschau« ein paar Bierchen trinken wollen. Und er weiß auch nicht, ob nicht vielleicht um Mitternacht noch das Telefon klingelt und eine gute Freundin dran ist, die auf einer der heißesten Partys der Stadt ist, auf die der Single unbedingt sofort kommen soll. Dann braucht er den Alkohol entweder als Mitbringsel – oder um sich Mut anzutrinken. Apropos Mut: Natürlich braucht der Single auch immer eine gute Flasche Wein als Vorrat – oder wie soll er sonst nach einem Date zu einem vielversprechenden Kandidaten sagen können: »Wollen wir noch auf einen Wein zu mir gehen?« Wein ist der neue Kaffee, denn während Kaffee die Sinne wieder schärft, verwischt der Wein sie endgültig ... Und manchmal kann das für den Single durchaus hilfreich sein!

Weil Single-Frauen in einer
Partnerschaft fett würden

Ich habe ja schon an anderer Stelle geschrieben (Grund 31), dass der Single an sich schon sehr auf seinen Körper und sein Gewicht achtet, schließlich ist beides auf dem Flirtmarkt sein Kapital. Außerdem hat er ja auch viel mehr Zeit für sportliche Aktivitäten als ein Nicht-Single. Aber dass besonders Frauen durch eine Partnerschaft eher, nun ja, mopsig werden könnten, hat auch noch einen anderen Zusammenhang, der dem Single durch seine Lebenssituation mal wieder erspart bleibt.

Es gibt mehrere Studien, die belegen, dass eine Partnerschaft direkten Einfluss auf das Gewicht der beiden Partner hat – aber leider ist dieser Einfluss bei den Geschlechtern komplett unterschiedlich ausgeprägt. Männer zum Beispiel ziehen aus der Beziehung wieder positive Konsequenzen: Im Vergleich zu den Zeiten, in denen sie als Junggesellen lebten, werden sie als Nicht-Single meistens schlanker. Der Grund dafür ist einfach: Während sie als Singles von Chips, Burgern, Pommes, Bier und Tiefkühlpizza lebten und nicht darauf geachtet haben, ob sie sich gesund und ausgewogen ernähren, nehmen sie als Nicht-Singles zwangsläufig die Ernährungsgewohnheiten ihrer Partnerinnen an. Denn wenn man plötzlich nicht mehr allein vor der Glotze, sondern mit seiner Freundin am Esstisch isst, dann schlingt man erstens nicht mehr so – und außerdem futtert man etwas anderes als Fast Food. Denn Frauen essen in der Regel gesünder, fettärmer und ausgewogener als Männer. Sie kochen lieber statt sich eine fettige Tiefkühlpizza warmzumachen und kaufen Obst statt Bier. Männer nehmen durch die Veränderung ihres Essverhaltens also eher ab. Schlecht sieht es dagegen für Frauen aus: Natürlich versuchen sie sich auch in einer Beziehung weiterhin gesund und fettarm zu ernähren, aber sie machen aus Liebe eben auch hier und da ein paar Kompromisse und neigen deshalb durchaus auch dazu, etwas eher Deftiges zu kochen, damit ihr Schatzi zufrieden ist. Natürlich essen sie dann auch mit, wenn das schon mal auf dem Tisch steht. Kommt das zu häufig vor, ist der Mann zwar im siebten Himmel, aber dann kann es durchaus sein, dass die Frau über kurz oder lang ein paar Kilo mehr auf den Hüften hat … Etwas, das ihr erspart bliebe, würde sie als Single nur das kochen, was sie isst – denn das ist in der Regel gesünder.

Weil Singles niemand
den Kühlschrank leer futtert

Alle Singles, die früher einmal in einer WG gewohnt haben, kennen diese Szenerie noch: Wenn man sich mit anderen Menschen einen Kühlschrank teilt, muss man dafür sorgen, dass der leckere Joghurt, auf den man sich schon seit Tagen freut, oder das Milchmischgetränk nicht einfach von anderen aufgegessen beziehungsweise getrunken werden. Von welchen, die den gemeinsamen Kühlschrank als kommunistische Zone sehen, in der allen alles gehört und sie deshalb auch alles ohne schlechtes Gewissen essen können. Im Idealfall klebt man also einen kleinen Zettel auf die Dinge, die man für sich beansprucht und reservieren will, und ist damit zumindest einigermaßen gegen Mundraub geschützt.

Aber während so was noch in Ordnung war, als man in WGs gewohnt und mit den anderen zwar einen Kühlschrank, aber nicht das Bett geteilt hat, würde man in einem Kühlschrank, den man sich heute mit Schatzi teilt, nie auf die Idee kommen, einzelne Lebensmittel mit dem eigenen Namen zu markieren und damit dem anderen, von dem man doch behauptet, dass man ihn liebt, verbieten, diese zu essen. Immerhin lebt man zusammen, man denkt vielleicht sogar daran, sein Leben miteinander zu verbringen, alles zu teilen, Gutes wie Schlechtes. Alles, aber eben nicht den Lieblingsjoghurt? Deshalb reserviert man zwar bestimmte Dinge, die man sich im Supermarkt extra ausgesucht hatte, nur im Kopf und geht davon aus, dass der andere sie schon nicht anfassen wird. Aber weil diese Dinge in der Regel eben auch besonders lecker sind, passiert es oft, dass der andere sie doch auffuttert. Und zwar ohne zu fragen, denn der Inhalt des Kühlschrankes gehört ja auch wirklich beiden ... Da kann man sich natürlich ärgern, nur sagen sollte man besser nichts. Zumindest nicht in einem Ton, der den anderen an die eigene Mutter erinnert.

Als Single teilt man im Idealfall mit niemandem den Kühlschrank (von den Kollegen im Büro mal abgesehen – aber von denen würde es niemand wagen, einen Joghurt aufzufuttern, den sie nicht selbst mitgebracht haben), deshalb kommt es auch nicht vor, dass der Single sich schon den ganzen Tag auf ein schönes Glas von dem teuren Rotwein freut, um dann festzustellen, dass die Flasche zwar noch im Kühlschrank steht, aber nur noch eine klitzekleine Pfütze darin ist. Weil dem anderen eben auch nach einem Glas Rotwein war. Der Single weiß immer, was in seinem Kühlschrank steht. Er füllt ihn nach seinem eigenen Geschmack auf – und das, was nach seinem Geschmack ist, futtert ihm auch niemand weg. Zumindest, wenn er sich nicht für ein paar Nächte eine andere Person ins Haus holt ...

Weil Singles sich im Krankheitsfall
von Mama pflegen lassen

Die Sache mit der Versorgung klappt bei Singles im Alltag also eigentlich hervorragend – erst wenn der Single krank wird, kann es da zu Engpässen kommen. Manchmal ist er dann so geschwächt, dass er es nicht mal in den Supermarkt schafft, geschweige denn in die Küche, um sich einen heißen Tee zu machen, Wasser zum Inhalieren aufzusetzen oder auch nur ein Brötchen zu schmieren. Aber soll der Single nun mit einer Grippe auch noch verhungern, nur weil er keinen Partner hat, der diese Aufgaben für ihn übernehmen kann? Auf keinen Fall. Der Single findet dann eine besonders gute Lösung: Er ruft bei seiner Mutter an und bettelt sie an, ihn zu pflegen.

Was in einer Beziehung für Unmut sorgen könnte, weil der Partner beleidigt ist, dass man die Mutter ihm in Sachen Pflege vorzieht, ist für den Single das ganz normale Wellnessprogramm. Schließlich weiß niemand so gut, was der arme kranke Single braucht. Niemand kann so gut eine Hühnersuppe kochen und einen Wadenwickel machen. Niemand sitzt so aufopferungsvoll an der Bettkante wie Mama. Und bei niemandem macht Kranksein so viel Spaß, dass man sogar noch einen Tag länger zu Hause bleibt als notwendig. Mama päppelt den Single wieder auf und tut es sogar noch gerne.

Ich habe dagegen nur selten von Beziehungen gehört, in der der gesunde Part nicht total genervt vom kranken war – und lieber fluchtartig das Haus verließ, statt den anderen zu pflegen. Sie etwa?

Weil Singles sich auch mit 40
noch von Mutti bemuttern lassen

Mama ist aber nicht nur im Krankheitsfall des Singles die beste Pflegekraft, die man sich vorstellen kann, sondern auch im ganz normalen Leben. Sie kocht einem das Lieblingsessen, wenn man zu Besuch kommt, und packt einem auch noch ein paar Portionen davon in die Tasche, die man dann zu Hause einfrieren und bei Bedarf warm machen kann. Sie hat für jedes Leiden ein Hausrezept parat (Gurgeln mit Salzwasser gegen Halsschmerzen, heißer Fliederbeersaft gegen Erkältungen, eine geriebene Kartoffel gegen Nagelbettentzündungen) und wäscht und bügelt einem auch noch Hemd oder Bluse, bevor man zu seinem Klassentreffen fährt.

Als Beziehungsmensch endet dieser Allround-Service meistens dann, wenn die Beziehung so ernst wird, dass man zusammenzieht. Dann denkt Mama nämlich, dass sie endlich die Verantwortung für das Wohlergehen des Kindes an jemand anderen abgeben kann und der Partner jetzt an ihrer Stelle bügelt, kocht und pflegt (egal, ob der Partner ein Mann oder eine Frau ist).

Der Single dagegen kann Mamas Service noch ein paar Jahre länger nutzen, zumindest ab und zu – denn natürlich sollte er auf keinen Fall wieder gleich ganz bei seinen Eltern einziehen, denn das würde bedeuten, dass er zwangsläufig den Rest seines Lebens Single bleibt. Welche Frau (oder auch: welcher Mann) kann es schon mit Mamas Pflege- und Kochkünsten aufnehmen – und zwar so sehr, dass man sich endgültig von Mama trennt, räumlich zumindest?

Aber auch aus der Ferne kümmert sich Mama noch um ihr Single-Kind, denn kaum etwas macht Müttern mehr Sorgen als die Tatsache, dass ihr Liebling allein lebt. Er könnte verhungern, er könnte erkranken, er könnte mit ungebügelten Sachen zu einem wichtigen Termin gehen, er könnte in finanziellen Nöten stecken oder an falsche Personen geraten. Und davor muss Mama ihn doch bewahren!

Natürlich darf man nicht leugnen, dass es etwas anstrengend sein kann, wenn Mama sich in alles einmischt, wenn sie am Wochenende morgens um neun anruft, obwohl sie doch ahnen muss, dass man dann noch im Tiefschlaf steckt. Oder wenn sie bei ihrem Besuch immer irgendwas findet, das sie mit einem Lappen abwischen kann. Aber dann muss man einfach nur die richtige Einstellung dazu finden: die Ohren ab und zu auf Durchzug schalten und Gelassenheit wie ein tibetischer Mönch entwickeln. Denn eigentlich ist es doch großartig, dass man dauernd sein Lieblingsgericht bekommt und ein langes »Ooooh«, wenn man krank ist. Und das Beste daran: Es ist kein Partner da, der sich zur Mutter und ihren Haushalts-Fähigkeiten in Konkurrenz sieht und mit kindischer Eifersucht reagiert. Das würde auch gar nichts bringen: Schließlich schmeckt es doch nirgends so gut wie bei Muttern, oder?

KAPITEL 10

Rechte & Pflichten

Weil Singles ihren Namen
für immer behalten

Vor ein paar Jahren habe ich mir geschworen, dass ich – falls ich einmal heiraten sollte – meinen Nachnamen sofort ablege und den meines zukünftigen Mannes annehmen würde. Das werden Sie sicher verstehen; schließlich ist »Meier-Jakobsen« viel zu lang für jedes Unterschriftsfeld. Außerdem kann man diesen Namen in so vielen verschiedenen Weisen schreiben, dass ich ihn jedes Mal buchstabieren muss – und selbst dann schreiben ihn die meisten fälschlicherweise noch mit »ey« oder »c«.

Früher habe ich deshalb inständig gehofft und gebetet, dass ich mich irgendwann in einen Mann verlieben würde, der einen einsilbigen Nachnamen trägt. Natürlich nicht einfach irgendeinen, er sollte schon etwas, nun ja, exotischer klingen als Schmidt oder Schulz.

Einmal lernte ich sogar einen kennen, gut aussehend, lustig, charmant – sogar sein Nachname war einsilbig. Einziges Problem: Der Nachname gefiel mir so gut wie ein mehrmonatiges Shoppingverbot und auch der Mann selbst hatte Potenzial für viel Schmerz, Herzschmerz, dass ich ihn für kein Geld der Welt geheiratet, geschweige denn seinen Nachnamen angenommen hätte. Aber das ist eine andere Geschichte …

Heute, ein paar Jahre und Hunderte Buchstabierungen später, sehe ich die Sache mit dem Nachnamen ein wenig entspannter. Ich habe mich mit ihm arrangiert, ja, mittlerweile trage ich ihn sogar richtig gerne. Für nichts und niemanden auf der Welt würde ich ihn ablegen. Mein Nachname gehört seit über 30 Jahren zu mir wie meine Sommersprossen, meine blonden Haare und die Icke-Häßler-Waden. Er ist ein Stück Geschichte meines bisherigen

Lebens, ein Teil meiner Identität, warum also sollte ich ihn nicht mit in die Zukunft nehmen?

Als Single komme ich aber zum Glück auch gar nicht in die Verlegenheit, überhaupt über einen neuen Namen nachzudenken. Das ist in einer Ehe (oder auch nur Beziehung) anders: Als ob man nicht schon genug von sich aufgibt, nein, kurz vor der Hochzeit kommt meistens noch ein besonders leidiges Thema auf: Wie werden sich die Eheleute zukünftig nennen? Zum Glück wird heutzutage niemand mehr gezwungen, seinen Nachnamen abzulegen und ab sofort wie der Ehepartner zu heißen, obwohl es in Deutschland immer noch die Normalität ist. Und zwar eine, die ganz schön ins Geld gehen kann: Die Änderung von Pass, Führerschein und Personalausweis ist nicht gerade billig. Das Geld kann der Single für viel angenehmere Dinge ausgeben, denn er wird (und muss) seinen Namen nicht ändern. Höchstens für einen Künstlernamen – und das hat den Vorteil, dass er sich diesen Namen sogar noch selbst aussuchen kann.

Grund Nr. 101

Weil Singles nur sich selbst treu sein müssen

Treue ist ein großes Wort und eine riesige Herausforderung, vor allem, weil sie in unterschiedlichen Facetten auftreten kann. Und nicht alle davon muss der Single (zum Glück!) erfüllen, die größeren Treueansprüche sind eher in Liebesbeziehungen von enormer Wichtigkeit.

Nehmen wir doch mal den Klassiker: körperliche Treue. Ohne die funktioniert eigentlich gar keine Beziehung, auch wenn manche Menschen behaupten, dass offene Liebe durchaus eine Alternative sein könnte.

Für den Single dagegen ist körperliche Treue nicht bindend. Während zwischen Nicht-Singles meistens die unausgesprochene, aber stets gültige Regelung gilt, dass man nur miteinander und mit keiner anderen Person Sex hat oder auch nur knutscht, könnte der Single theoretisch jeden Tag mit einer anderen Person Sex haben oder knutschen – und dabei müsste er noch nicht mal ein schlechtes Gewissen haben. Theoretisch sage ich deshalb, weil kaum ein Single so ausufernd polygam veranlagt oder überhaupt an einem derart ausschweifenden Liebesleben interessiert ist. Aber wie gesagt: Falls doch, könnte er es einfach ausleben, ohne sich einen Kopf zu machen. Denn keiner erwartet von ihm, dass er dem aktuellen Sexpartner sagt, dass er gestern erst mit jemand anderem geschlafen hat. Warum auch? Das macht seinen Ruf nicht gerade besser.

Der Single muss also nur einer Person gegenüber wirklich treu sein: sich selbst und seinen moralischen Grundsätzen. Wenn er also nichts von Schlafzimmer-Hopping hält, wird er es auch nicht betreiben. Nicht wegen eines schlechten Gewissens, sondern weil er am nächsten Morgen noch in den Spiegel gucken möchte.

Aber wenn es doch mal passiert, er sich selbst und seinen Erwartungen untreu wird, kann der Single leicht zu der Scheiße stehen, die er gebaut hat. Schließlich sind die Konsequenzen weniger schwerwiegend: Keine andere Person weint oder wütet, man fühlt sich nur selbst ein bisschen schäbig. Aber auch das geht schnell vorbei: Die eigenen Ausrutscher verzeiht man großzügiger als die der anderen.

Weil Singles zuerst an sich denken

Langzeit-Singles wird oft nachgesagt, dass sie im Vergleich zu Nicht-Singles extrem egoistisch sind. Sie würden immer nur das machen, worauf sie Lust haben, seien nur schwer zu Kompromissen in der Lage, würden zuerst an sich und erst an zweiter Stelle an andere denken. Aber da stelle ich mal eine ketzerische Frage: Wo liegt da eigentlich das Problem?

Schließlich ist einer der größten Vorteile überhaupt am Single-Leben, dass der Single nur dafür sorgen muss, dass es ihm selbst gut geht. Wenn der Single im Restaurant seine Ruhe haben will, wechselt er den Tisch, falls direkt neben ihm ein plärrendes Kind sitzt. Das ist zwar nicht besonders sozial, aber dem Single schmeckt die Pizza nun mal besser ohne extreme Geräuschkulisse. Oder stellen wir uns mal Folgendes vor: Der Single ist bei seinen Eltern zum Essen eingeladen, es gibt eine Ente. Der Single isst besonders gern die Unterkeule vom Federvieh, leider gibt es davon nur zwei. Der Single wird dennoch nicht weiter darüber nachdenken, dass seine Eltern vielleicht auch beide eine Keule essen würden, sondern schnappt sich den ollen Schenkel einfach. Nicht aus böser Absicht, sondern aus Gewohnheit: Der Single hat sich angewöhnt, immer nur das zu essen, was er mag, und nichts zu teilen. Der Single möchte sich beispielsweise auch noch nicht am Mittwoch oder Donnerstag festlegen, ob er am nächsten Sonntagmorgen mit einer guten Freundin und ihrem Mann zusammen frühstücken will. Vielleicht geht er ja am Samstagabend aus, dann müsste er mit angezogener Handbremse feiern, wenn er am nächsten Morgen gebügelt bei einem gemeinsamen Brunch sitzen soll. Das ist so gar nicht sein Ding, deshalb will er lieber spontan am Samstag oder Sonntag noch mal kurz telefonieren.

Ja, das alles klingt, als wäre es unglaublich schwer, es mit Singles auszuhalten, weil sie so egoistisch sind. Aber sie können es sich auch erlauben. Natürlich lebt der Single nicht auf einer einsamen Insel, auf der er niemals Rücksicht auf andere nehmen muss. Aber er lebt mit Menschen zusammen, auf die er nur bis zu einem gewissen Grad Rücksicht nehmen muss. Kollegen, Freunde, Familie. Mit keinem von denen muss er Tag für Tag in Harmonie verbringen, also achtet er in erster Linie darauf, dass es besonders für ihn harmonisch ist. Und das ist es eben immer dann, wenn es nach seiner Nase geht …

Weil Singles die Fernbedienung in der Hand halten

Ich habe eine Schwäche für schlechte Fernsehserien: Wenn ich einen Tag frei habe, gucke ich von morgens bis abends Soaps, Telenovelas oder amerikanische Krankenhaus-Serien. Jeder Mann ist daran bisher verzweifelt, weil ich meine Verabredungen durchaus nach dem Fernsehprogramm geplant habe (»Kino am Mittwoch? Schlecht, da laufen doch meine Serien. Wie wäre es am Donnerstag?«). Und zwar – laut ihrer Meinung – nach einem miesen Programm. Wenn ich dagegen absagen würde, weil ich unbedingt einen Psychothriller gucken wollte, mit viel Schießerei und einer halb nackten Agentin, hätten sie das sicher verstanden.

Zwei Menschen haben in der Regel verschiedene Geschmäcker, verschiedene Interessen, verschiedene Zeitpläne – und im Idealfall haben sie auch zwei verschiedene Fernseher. Denn es kommt so selten wie eine Sonnenfinsternis vor, dass zwei Menschen abends zusammen fernsehen können, ohne dass einer von beiden einen Kompromiss bei der Programmauswahl eingehen muss. Er liebt eigentlich Krimis, aber statt »Tatort« guckt er am Sonntagabend mit ihr eine romantische Komödie im Privatfernsehen. Sie hasst eigentlich Comedy, aber statt der »Grey's Anatomy«-DVD guckt sie sich ihm zuliebe zwei Stunden »Cindy aus Marzahn« an. Glücklich werden damit beide nicht. Und beide denken wehmütig daran zurück, dass es früher mal Zeiten gab, in denen sie eigentlich niemals einen Film bis zum Ende gucken konnten, sondern schon in der ersten Werbepause übereinander herfielen.

Der Single bestimmt immer selbst, was er im Fernsehen guckt. Ob Krimi, Schnulze oder Quizsendung. Keiner nörgelt herum, weil bei der Romantikkomödie ja ohnehin von vornherein klar ist, wie es ausgeht, und man sich die theoretisch sparen kann.

Keiner verrät ihm, wer im Krimi der Mörder ist. Und manchmal, wenn der Single sich nicht entscheiden kann, guckt er einfach mehrere Programme auf einmal: Er zappt zwischen den Kanälen so oft hin und her, dass er von beiden zumindest ein bisschen was mitkriegt – das könnte andere Menschen durchaus nerven. Und dass er abends nur einschlafen kann, wenn der Fernseher läuft? Ist doch kein Problem. Selbst wenn er keinen Partner hat, der den Fernseher später ausschalten kann, läuft er nicht die ganze Nacht. Wofür gibt es schließlich einen Sleeptimer?

Weil Singles nur vor Gericht
die Wahrheit sagen müssen

Wahrheit ist ein Konzept, ohne das die meisten Beziehungen nicht auskommen würden. Und ich meine hier nicht die Wahrheit auf Fragen wie »Sehe ich in dem Kleid dick aus?« oder »Möchtest du lieber Fußball gucken, als mit mir einen romantischen Herbstspaziergang zu machen?«, denn da sind kleine Lügen nicht nur erlaubt, sondern dringend empfohlen, wenn man sich keinen großen Ärger einhandeln will.

Aber auf manche Fragen muss man in Beziehungen definitiv die Wahrheit sagen, auch wenn sie unbequem ist. Zum Beispiel, wenn man sich seiner Gefühle nicht mehr sicher ist, wenn man sich vielleicht sogar einem kleinen Fremdflirt hingegeben hat oder wenn man statt einem Liebesurlaub mit Schatzi lieber einen Männertrip mit den besten Freunden machen möchte. Auch wenn sie wehtut: In elementaren Dingen hat der Partner die Wahrheit verdient, da gibt es keine Ausreden. Und dann muss man eben auch ertragen, dass es Streit gibt und Schmollen, Tränen und Tamtam.

Der Single ist der Wahrheit in manchen Dingen natürlich auch verpflichtet – etwa, wenn der Chef ihn fragt, ob er diesen dicken Rechenfehler in die Bilanz des wichtigen Kunden eingebaut hat. Aber bezogen auf zwischenmenschliche Angelegenheiten ist der Single der Wahrheit nicht annähernd so verpflichtet wie der Nicht-Single – was vor allem daran liegt, dass ihm kaum jemand so nahe steht, wie es ein Partner tun würde. Er muss seinem Kollegen aus der Buchhaltung nicht ehrlich sagen, dass er ihm gerade total auf die Nerven geht. Er muss seinen besten Freunden auch nicht erzählen, wie viel er verdient (in einer Beziehung sollte man über Geld nicht lügen), und den Eltern nicht, dass man überhaupt noch nicht weiß, ob man ihnen eines Tages wirklich den heiß ersehnten Enkel schenken will. Wenn der Single etwas gefragt wird, worauf er die Wahrheit lieber nicht sagen möchte, dann schweigt er einfach. Oder er schwindelt. Nicht, weil er sich für die Wahrheit schämt, sondern weil das Leben einfacher ist, wenn man die unbequemen Dinge manchmal nicht ausspricht.

Weil Singles keine faulen Kompromisse eingehen

Das Schwerste an Beziehungen ist sicherlich, darauf zu verzichten, immer sein eigenes Ding durchzuziehen. Den Film zu gucken, den man möchte, das zu essen, worauf man Hunger hat, am Wochenende genau das zu unternehmen, was einem selbst Freude bringt. Wenn zwei Menschen mit unterschiedlichen Bedürfnissen aufeinandertreffen (ja, auch in Beziehungen wollen Menschen nicht immer das Gleiche, auch wenn man das in den ersten Wochen nicht glauben kann), muss man sich irgendwo in der Mitte treffen. Was bedeutet, dass man in vielen Fällen nahezu das Gegenteil von dem macht, was man machen würde, wenn man Single wäre.

Gerade für frische Beziehungsmenschen ist das oft ein Problem, denn sie sind nicht daran gewöhnt, Kompromisse mit anderen zu verhandeln. Wenn der eine also am Sonntag einen Tag auf der Couch verbringen und der andere einen Spaziergang durch den lokalen Tierpark unternehmen möchte, hat man ein Problem. Als Single gab es keine zwei Meinungen: Man ist einfach auf der Couch liegen geblieben. Als Nicht-Single kann man das zwar auch machen, aber sorgt damit für ein beträchtliches Streitpotential (oder ist bald wieder Single, was manche nicht unbedingt erstrebenswert finden). Es ist also an der Zeit, in die Verhandlungen einzutreten. Gibt es irgendwelche Dinge, die einem das Aufstehen von der Couch erleichtern könnten? Vielleicht, dass man dafür am nächsten Wochenende nicht mit zu den Schwiegereltern fahren muss oder am Abend statt der Rosamunde-Pilcher-Schnulze den »Tatort« gucken kann? Dann sollte man zumindest darüber nachdenken, sich auf einen Kompromiss einzulassen. Auch wenn es eigentlich ein fauler ist (der in den meisten Fällen beiden nichts bringt): Wenn der eine dem anderen zuliebe mit in den Tierpark geht, wird er dabei im Zweifel keine blendende Laune haben und damit dem anderen auch noch die Laune verderben. Am Ende sind zwar beide im Tierpark, aber beide haben keine Freude dran. Da hat es der Single doch besser: Er ist gar nicht erst von der Couch aufgestanden, stopft sich den Bauch mit Keksen und Schokolade voll, statt Affen zu füttern, und ist zufrieden. In den Tierpark geht er vielleicht auch irgendwann mal wieder – wenn er dazu Lust hat.

Weil Singles ihre schlechte Laune ausleben können

Lass deine schlechte Laune nicht an mir aus« ist ein Satz, den man sich oft anhören muss, wenn man seine Mitmenschen anmuffelt. Natürlich trifft es in der Regel diejenigen, die einem am allernächsten stehen – also den Partner. Wenn der Chef ungerecht zu einem war, die Waage morgens in Dimensionen abgeglitten ist, die man eher bei Ottfried Fischer oder Tine Wittler erwartet, oder man einfach nur so mies drauf ist, dann will man am liebsten seine Ruhe haben.

Leider scheint es ein Naturgesetz zu sein, dass gerade dann, wenn man mit niemandem etwas zu tun haben will, jeder was von einem will. Vor allem der Partner will etwas: wissen, was los ist. Als ob es irgendwas besser machen würde, wenn man darüber redet?! Also knurrt der Schlechtgelaunte seine bessere Hälfte an – und dann geht es ganz schnell: Die oder der hat keine Lust, sich anmaulen zu lassen, und ist beleidigt. Und fünf Minuten später steckt man in einem riesigen Streit, der der Laune nicht unbedingt zuträglich ist.

Das ist der Moment, in dem sich der Nicht-Single wieder danach sehnt, Single zu sein. Denn wenn der Single nicht gut drauf ist, fragt ihn niemand, was los ist. Und wenn doch jemand fragt, irgendeine neugierige Kollegin, die Mutter oder eine Freundin, dann kann man einfach und ohne schlechtes Gewissen sagen, dass man keine Lust hat, darüber zu reden – oder überhaupt zu reden. Man macht die Tür zu seinem Büro zu, tritt vielleicht noch mal gegen einen Stuhl und boxt in ein Kissen und wartet in absoluter Ruhe ab, bis sich die schlechte Laune verzogen hat. Dann geht der Single nach draußen, trifft sich mit Kollegin, Mutter oder Freundin – und muss sich nicht mal dafür entschuldigen, dass er miese Laune hatte. Schließlich ist ihr niemand (außer dem Stuhl und dem Kissen) zum Opfer gefallen.

Weil Singles aus der Kirche austreten

Bitte nicht falsch verstehen: Ich würde nie jemandem raten, aus der Kirche auszutreten, das ist wirklich ein guter Verein. Aber für den Single in mittleren Jahren hat die Kirche weniger Bedeutung als für Paare, deshalb entscheidet der sich oft, diesen Teil der Steuer zu sparen (er wird vom Staat ja ohnehin schon mehr zur Kasse gebeten als Verheiratete) und aus der Kirche auszutreten. Für Paare ist die Perspektive, die einem die Kirche kurzfristig bieten kann, sehr viel interessanter: Vielleicht wollen sie heiraten – und das natürlich in der Kirche. Mit Pastor, weißem Kleid, Hochzeitsmarsch und allem Pipapo. Dann müssen die beiden natürlich auch in der Kirche sein. Oder sie wollen ihren Nachwuchs taufen und konfirmieren lassen (beziehungsweise zur Firmung und Kommunion schicken, Sie merken schon, ich bin evangelisch) oder als Messdiener arbeiten lassen. Dafür muss man auch in der Kirche sein.

Da der Single zumindest nicht in nächster Zeit solch groß Feste plant und außer an Heiligabend wahrscheinlich auch nicht unbedingt ständig in die Kirche gehen will, wendet er sich oft einige Jahre von der Kirche ab. Aber damit ist er für die Kirche kein dauerhaft verlorenes Schäfchen, denn meistens wächst auch mit zunehmendem Alter das Interesse des Singles an der Gemeinschaft. Da will die Single-Mittfünfzigerin vielleicht in einem Gospelchor mitsingen (den die Kirche anbietet) und der Single-Mittsechziger würde gern an einer Studienreise auf Luthers Spuren teilnehmen (Sie ahnen bereits, wer die organisiert, oder?). Die Kirche ist eine Gemeinde, die sich vor allem um die Älteren kümmert – der junge Single kann also getrost ein paar Jahre aus der Kirche austreten. Obwohl: Ein schlechtes Gewissen sollte er dabei zumindest ab und zu haben.

Weil Single-Frauen auch ohne
Partner Kinder kriegen können

Natürlich kann man nicht ganz und gar ohne die Unterstützung anderer Menschen ein Kind kriegen, schließlich muss man ja überhaupt erst mal schwanger werden und dafür braucht man die Hilfe eines anderen Menschen, im Idealfall eines Mannes. Aber selbst wenn sich kein Mann findet, der eine Frau auf natürlichem Wege schwängert, muss die nicht kinderlos bleiben: Dann gibt es Samenbanken, bei denen man sich bedienen kann wie in einem Restaurant – und der Vergleich hinkt noch nicht einmal, denn man kann sich vorher wirklich auf einer Art riesigen Speisekarte die Profile der anonymen Spender aussuchen: Will man einen blonden Vater oder einen brünetten, eine Sportskanone oder einen Albert Einstein?

Wie auch immer: Singles sind nicht mehr auf den Geschlechtsakt mit einer anderen Person angewiesen, um ein Kind zu zeugen, obwohl das sicherlich immer noch der angenehmste Weg ist. Das ist bestimmt auch der Grund, warum es manche Frauen in einem gewissen Alter auch mal darauf anlegen würden, bei einem flüchtigen Abenteuer schwanger zu werden, um sich ihren Kinderwunsch zu erfüllen. Allerdings würde ich davon nur abraten: Erstens ist man so die nächsten Jahre an einen Kerl gebunden, den man vielleicht lieber schnell vergessen würde, nur weil der die Frucht seiner Lenden jetzt auch aufwachsen sehen will. Zweitens ist »Samenraub«, wie man das spaßeshalber heute nennt, auch moralisch überhaupt nicht gutzuheißen.

Für Single-Frauen haben sich jedoch nicht nur die Möglichkeiten verbessert, überhaupt schwanger zu werden, nein, auch die gesellschaftliche Akzeptanz von Alleinerziehenden ist größer, ja, es ist beinahe normal geworden. Keine Frau muss sich mehr schräg ansehen lassen, wenn sie zwar mit Kind, aber ohne Partner durchs Leben geht. Allzu leichtsinnig sollte man sich als Single aber nicht für eine Single-Mutterschaft entscheiden: Als Single mit Kind fallen auch viele der Vorteile weg, die ich in diesem Buch aufgezählt habe – das darf man nicht vergessen: Man kann nicht mehr die Nächte zum Tag machen (das Kind bestimmt nämlich, wann die Nacht beginnt und endet), man lebt nicht mehr in völliger Freiheit und Unabhängigkeit, man kann auch nicht mehr nur sein eigenes Ding machen. Aber dafür ist der Moment, wenn das Baby einen zum ersten Mal anstrahlt, der allerschönste im Leben. Habe ich gehört.

Weil Singles ihre Macken ausleben

Kein Mensch gibt gern zu, dass er Macken hat. Das geht mir auch nicht anders, obwohl ich heute natürlich weiß, dass ich durchaus ein paar davon habe. Doch noch vor ein paar Jahren, als ich noch ein junger Hüpfer und kein Single war, bin ich lautstark dagegen angegangen, wenn mein Freund mir vorgeworfen hat, ich würde unter ein paar merkwürdigen Eigenarten leiden. Gut, vielleicht ist es für andere im ersten Moment wirklich irritierend, dass ich meine Handtücher im Schrank nach Farben sortierte und mich dabei am Farbverlauf eines Regenbogens orientierte. Wenn jemand dieses, nennen wir es mal »System«, in meinem Schrank unterbricht und ein blaues zwischen die roten Handtücher schmuggelt, stehe ich kurz vor einem Herzinfarkt. Außerdem bestehe ich darauf, dass in meiner Wohnung zwar nicht alle Möbel, aber zumindest das Bett nach Feng-Shui-Regeln aufgestellt wird. Was bedeutet: Das Kopfende muss an einer Wand stehen, keine Kommode darf auf das Bett zeigen, sie könnte Sha-Pfeile abschießen und zu Streit führen. Und natürlich darf es nicht unterm Fenster platziert werden, und die Bettwäsche darf kein wildes Muster haben ...

Da ich sonst kein besonders esoterisch angehauchter Typ bin, hielt mein Ex dieses Insistieren in unserer kurzzeitig gemeinsamen Wohnung zunächst für einen Witz. Erst als ich wiederholt wütend mit dem Fuß aufstampfte, rückte er das Bett vom Fenster ab und tauschte die knallroten Laken gegen Bettwäsche in Pastellfarben. Dass wir uns trennten, hatte aber nichts mit dem Streit über diese Macken zu tun, zumindest nicht hauptsächlich. Denn natürlich führen die Macken und Neurosen des anderen in der Regel immer zum Streit und einer versucht sie dem anderen abzutrainieren oder auszutreiben. Bei mir war das bisher erfolglos: Ich habe meinen Hang zu Feng-Shui oder die Sache mit den Handtüchern nicht aufgegeben. Im Gegenteil: Seit ich Single bin, sind meine Macken nicht weniger, sondern eher mehr geworden.

Je länger man als Single lebt, desto wunderlicher wird man – zumindest behaupten das die anderen. Man redet mit sich selbst, hat sein eigenes Ordnungssystem und einen beinahe schon neurotischen Zwang zu kontrollieren, ob auch alle Elektrogeräte ausgeschaltet sind, wenn man aus dem Haus geht (und das sind nur einige meiner Lieblingsneurosen). Man wird schrullig, weil keiner da ist, der erwartet, dass man sich wie ein Herdentier benimmt und den Gepflogenheiten der Gruppe (heißt in diesem Fall: den Gepflogenheiten der Beziehung oder Familie) anpasst. Wenn keiner da ist, der einem sagt, dass man eine Macke hat, wird man sein Verhalten auch nicht als Macke deklarieren, sondern als Norm. Und dann ist es ganz normal, seine Handtücher nach Regenbogenfarben zu sortieren – vor allem, weil es so schön ordentlich aussieht!

Weil Singles keine fremden Macken ertragen müssen

Mein Exfreund hatte natürlich auch selbst Macken, ich fand, die größte davon war, dass er unsere feuchte Wäsche zwar immer ohne Murren aus der Waschmaschine genommen und sie auf den Wäscheständer gehängt hat – aber er benutzte dafür niemals Wäscheklammern, obwohl sie in einem kleinen Körbchen direkt daneben standen. Stattdessen hängte er die T-Shirts, Röcke, Pullover, Kleider und Hosen einfach in deren Mitte über die Leine – was dazu führte, dass man immer eine nervige Falte quer über dem Bauch trug. Ich biss jedes Mal vor Wut in meine Unterlippe und predigte ihm dauernd, dass er doch bitte in Zukunft die Klammern benutzen solle. Ein paar Mal klappte das dann auch – bis er wieder mal in Zeitnot war und die Klammern für seinen Geschmack überflüssig waren ... Ich fand, dass das Zusammenleben mit ihm ganz und gar unerträglich sei – und meine farblich sortierten Handtücher dagegen doch ein Witz.

Der Single weiß zwar in der Regel um seine eigenen Macken, nicht zuletzt weil ihm die irgendeiner mal vorgehalten hat. Aber der Single vergisst schnell, dass andere Menschen auch Macken haben – bis er wieder jemanden so sehr in sein Leben lässt, dass er merkt, welche der Eigenschaften des anderen ihn wahnsinnig machen. Das können fehlende Wäscheklammern sein oder ein nach Farben sortierter Kleiderschrank. Über manche kann man einfach hinwegsehen, andere wirken wie der Wurf des Fehdehandschuhs. Der Single muss sich damit zum Glück nicht herumärgern, denn er lebt allein (Haustiere zählen nicht) und organisiert seinen Haushalt genau so, wie er es will. Wenn die Putzfrau die Wäsche ohne Klammern aufhängt, sagt man ihr freundlich, aber bestimmt, dass man das so nicht so gern hat. Dass man seine

T-Shirts lieber ohne Falte quer über dem Bauch trägt. Das Gute daran: Man sagt es einmal (und nicht zwanzig Mal, so wie ich beim Ex) und dann läuft es auch. Und keiner muss sich ärgern, streiten oder – und das ist das Schwerste von allem – ändern.

Weil Singles zusammenhalten

Ich habe in meinem Freundeskreis ganz verschiedene Leute: Da gibt es welche, die schon zwei Kinder haben und verheiratet sind. Welche, die ein Kind haben und geschieden sind. Welche, die schon seit Jahrzehnten zusammen sind und nicht heiraten, aber zusammenbleiben wollen. Und es gibt ein paar Singles. Die Singles sind wichtig, weil sie mich von allen wahrscheinlich am allerbesten verstehen. Wenn ich traurig bin, weil ich sonntags niemanden habe, der neben mir auf der Couch liegt. Wenn ich glücklich bin, weil niemand sauer ist, wenn ich am Sonntag mit Kater auf der Couch liege. Wenn ich kraftlos bin, weil ich viel zu viele Überstunden für die Karriere mache. Wenn ich mich frage, warum der vielversprechende Flirt schon wieder nicht angerufen hat.

Es ist wichtig, als Single andere Singles zu kennen. Nicht nur, weil man mit denen bequem seine Zeit verbringen kann (siehe Grund 48), sondern weil Singles immer zusammenhalten und total loyal sind. Als meine Freundin Meike es auf einen Mann abgesehen hatte, der in einer der schäbigsten Kneipen der Stadt (in der man allerdings sehr gut flirten konnte) hinterm Tresen arbeitete (Zu dem Zeitpunkt vermuteten wir noch, dass er nicht halb so schäbig sein könnte wie die Kneipe. Ein großer Irrtum!), ging ich nahezu jedes Wochenende mit ihr dorthin und saß solange am Tresen, bis er sie endlich bemerkte und sich mit ihr unterhielt. Ab dem Zeitpunkt war ich zwar eigentlich abgeschrieben – dennoch blieb ich auch dann noch neben ihr sitzen, weil ich sie da doch niemals hätte allein sitzen lassen können. Wie sähe das denn aus für sie? Auch wenn ich so müde (ja, müde, nicht betrunken) war, dass mir die Augen ab und zu zufielen – ich blieb. Als wir eines Abends am Tresen dieser Kneipe sehen mussten, wie er zu späterer Stunde Meike zwar schon bemerkt, aber eine andere Frau mit zu viel Selbstbräuner im Gesicht knutschte, standen wir unisono auf und gingen erhobenen Hauptes aus der Bar. Und machten fortan einen riesigen Bogen um diesen Laden. Ich lief ihm danach zwar noch ein paar Mal über den Weg – doch niemals setzte ich auch nur zu einem Lächeln oder Zunicken an. Er hatte zwar nur Meike verletzt, aber er hatte mich enttäuscht. Ich bin genau wie Meike auch auf der Suche nach einem Mann, der es ernst meint – und einen, der so nachlässig mit ihren Absichten umgeht, den kann ich auch nicht leiden.

Natürlich ist es nicht so, dass Beziehungsmenschen nicht zu ihren Single-Freunden halten, das tun sie natürlich auch. Aber die Single-Freunde verstehen die Gefühlswelt des Singles einfach besser als jemand, der vor Jahren das letzte Mal in einer Bar darauf wartete, von einem anderen bemerkt und angesprochen zu werden. Single-Freunde kennen den eigenen Schmerz, die Enttäuschung und Wut besser als jeder andere. Aber sie kennen eben auch die absolute Freiheit, den Spaß und sämtliche Vorteile. Sie leben schließlich in derselben Randgruppe (obwohl die so klein gar nicht mehr ist) – und in einer Gruppe hält man doch schließlich zusammen!

Wem ich danken möchte ...

Meinen Eltern, weil sie niemals den Glauben an mich verlieren, genauso wenig wie ihre Geduld. Ihr seid die allertollsten Eltern, die man sich vorstellen kann.

Meinem Bruder, meiner Schwägerin und meinen beiden zauberhaften Nichten, weil sie mir immer wieder zeigen, in welchen Punkten das Familienleben dem Single-Leben eben doch etwas voraushat. Und weil ich an ihrem Familienleben so oft teilhaben darf.

Inga, weil sie sich tapfer mit mir durch den Single-Dschungel schlägt und mir an einem sonnigen Abend dabei geholfen hat, meine Ideen für dieses Buch zu entwickeln und meine Gedanken zu sortieren.

Meinen Freunden Anneke, Melanie, Nils, Alexandra und allen anderen, die ich jetzt vergessen habe, für ihren Rat und Input bei meiner Suche nach Gründen.

Den Lesern meiner Kolumne »Angie allein zu Haus« für die zahlreichen aufmunternden, inspirierenden, schmeichelnden, und ja, auch mal kritischen Leserbriefe.

Meinem Opa, weil er so schön stolz auf mich ist.

Und allen anderen, die mich in der Zeit, als ich an diesem Buch gearbeitet habe, nicht vergessen haben.

DIE AUTORIN

Angela Meier-Jakobsen lebt in Hamburg und hat bereits in vielen Zeitschriften über die Liebe und das Leid von Single-Herzen berichtet. Sie schreibt eine wöchentliche Single-Kolumne für ein großes Frauenmagazin.

Angela Meier-Jakobsen
111 GRÜNDE, SINGLE ZU SEIN
Eine Liebeserklärung an die Unabhängigkeit

ISBN 978-3-89602-593-7
© Schwarzkopf & Schwarzkopf Verlag GmbH, Berlin 2011
Coverfotos: Coverfotos, 1. Reihe, v.l.n.r.: © ant236 | © JM Fotografie, © Fotolia VII | 2. Reihe, v.l.n.r.: © Nico Klein-Allermann | © Yuri Arcurs/shutterstock.com | © benicce/shutterstock.com

KATALOG
Wir senden Ihnen gern kostenlos unseren Katalog.
Schwarzkopf & Schwarzkopf Verlag GmbH
Kastanienallee 32, 10435 Berlin
Telefon: 030 – 44 33 63 00
Fax: 030 – 44 33 63 044

INTERNET | E-MAIL
www.schwarzkopf-schwarzkopf.de
info@schwarzkopf-schwarzkopf.de